U0046610

感謝力
33條實現夢想的祕密法則

陳艾妮 著

3Q very much!

3Q very much
感謝的人生

每天早上醒來，都會對著天花板說這句話：「幸福的人生、3Q very much！」每天晚上睡前，也會對著自己說這句話：「感謝的人生、3Q very much！」我的每場演講，不管聽眾是什麼族群、演講的題目是什麼，都會逼著全場聽眾一起說：「感謝的人生、3Q very much！」不管當天我的工作順利與否、天氣怎樣、是否有失敗損失……我都會這麼說。因為我知道，即使是平平的一天也是多麼的不容易，即使當天夫妻吵架、工作不順、投資不利……都有許多要感謝的人事物。

是的，幸福的感覺，就像噴泉一樣，每天由快樂的杯子湧出來。為什麼我能養成凡事「感謝」的習慣？因為，經歷了60多年起起伏伏的人生，覺悟了「一切都是最好的安排」、「人生有如排鉛字」、「滿足就是幸福」、「平安不容易」、「決定不生氣」、「立志要快樂」……這些重要的道理後，我踏踏實實地進入了「感謝而幸福的人生」境

界，這些境界的核心，就只是「3Q very much──凡事感謝」這個簡單的意念而已。

而不懂得「感謝」的人呢？就會活在抱怨、憤怒、悲傷、嫉妒、失落、報復……甚至暴力及霸凌的負面情緒中。在我邁向200本著作的出版計劃中，有最多的人在期待這本書！因為，大家都同意，當代的教育造就了許多不懂得說感謝、不懂得感恩的人，而這讓我們的社會越來越不可愛。就是不說謝謝、不懂得說3Q very much的人，肯定是讓自己不快樂也讓別人不高興的人。

為什麼最幸福的這一個世紀，卻反而失去了感恩惜福的傳統精神？我們可以花時間列出100個理由，比如：為了讓孩子專心讀書而訓練了子女除了對功課以外，對周邊的人沒有「感覺」……結果呢？沒有感覺，當然就沒有感謝；沒有感謝，當然就不會感恩；沒有感恩，當然就不會孝順！我們也可以抱怨說，當代的人除了不會說感謝之外，也

有「不懂得認錯」、「無法改過」等毛病，但是這都不重要，重要的是我們該馬上把必要的美德抓回來！把凡事「感謝」的習慣培養起來！

　　人生沒有祕密、沒有緣分、沒有巧合、沒有意外，只有「訂單」：面對同樣的一件事，要生氣、難過？還是一面心存感謝一面從容處理？這都是我們自己的選擇──臉上的表情及口中說出來的話就是我們每天向「宇宙百貨公司」親自所下的「訂單」！我經歷數十年考驗學會的這一點，真想全國廣播、野人獻曝，怎可藏私自用？這，就是天生「廣播電臺性格」的我終於在2011年出版這本書、同時發起333國際感謝日、設計感謝卡、提倡由3月3日下午3點開始起每天發出3個感謝的緣起。童子軍日行一善！孔子說一日三省吾身！現代人，至少要每天發出3個感謝。

　　最近很流行「零極限的四句話」，它們都具極大的威力，但是，我有體質上的限制。說「對不

起」時，我感到立即的能量低落；說「原諒我」時，我感到莫名的肌肉無力；說「我愛你」時，我承認我想「愛」的對象並不多，且覺得東方人說這三個字時還是挺肉麻的；唯獨，說「感謝你」時，我就覺得能量飽滿、蓄勢待發、理直氣壯、100%的真誠，就有了真想再活100年、再寫100本書、及時環遊100個國家、再品味100個美食餐廳的幸福感及期待感。

　　「滿足就是幸福」，在每天早晚宣言「幸福的人生、3Q very much」，不管好壞、遇到每個人事物都說「感謝」的習慣中，我列出了我的「感謝清單」，因而完成了這本書。結果連我自己都大為震撼！原來，渺小的我小小幸福感的背後，是這麼多偉大條件的具足？一路走來，要感謝的人、事、物太多、太多、太多了，面對一一湧現的這麼多貴人、恩人、好事、壞事……真是太幸運也太感謝了。

一個平凡的我所感謝的人事物，與你有何相關？看似與你無關，但是它們的功能是提醒了你：再平凡的人如你、我、他，肯定有著許多該「感謝」的事，只是你忘記了、或你不知道你該感謝、或你不知如何感謝而已。

真的、真的、衷心感謝看到這本書的你、感謝出版社的合作、感謝所有的共同發起人、感謝古往今來所有維持美德貢獻的人、感謝書店通路的辛勞、感謝我們能活在這樣美好的地球上、感謝我們能活在如此精采的精神營養世界中……只要你像我一樣列出你的感謝清單，就能擁有3Q very much的心情，就能和我一樣每天早晚告訴自己「感謝的人生、3Q very much」……於是，我們就能像童話故事中的王子與公主、國王與皇后一樣，「從此幸福地一面感謝一面快樂地生活下去」了！

同時我也要提醒幸福又感謝的人，在「感謝清單」之後，一定也要把「夢想清單」、「貢獻清

單」列出來，因為感謝不要空口說白話，感謝之後一定要具體行動，把自己的好運及福氣變成善循環的貢獻。感謝的具體行動，包括3月3日下午3點3分寄出3個感謝，包括萬人連署333國際感謝日，包括喝一杯茶、種一棵樹、救一塊沙漠……就請加入我們的行列，或是想出你自己的感謝創意並從今天就開始執行。

「天生萬物以養民，人無一物以報天」，對於生養育樂我們的父母、老師、社會、國家……我們能做什麼？常被問到：「你為什麼這麼快樂？」「為什麼你這麼有活力？」答案，就是我懂得了凡事感謝，不管對錯好壞，即使是麻煩災難，除了感謝，還是只有感謝。即使是被老闆罵、被人潑冷水、孩子不聽話、有人欠債不還……我們還是要懂得：就因為有眾多值得感謝的因緣，才讓我們還有機會面對這些困境。

正值本書最後截稿日，在電視上看到曾被脅迫拍裸照的影星劉嘉玲說：「我見到曾傷害我的人，會很客氣地感謝他們，因為他們讓我成長。」在問候電話中得知老友彭素華騎摩托車被轎車撞到三處骨折而臥床在家，她竟說：「感謝我只須療養一年就可以再站起來。」這讓我又想到我在上海的知友常惠喬也在家門口跌跤造成打石膏，我到上海看望她時，她也說：「感謝我是向前倒所以傷到腳，若是向後倒是傷到頭或脊椎，那就麻煩了。」哇！他們說的話，讓人感動得想掉眼淚。我想說的是，世上有許多活在苦難中的「感謝天使」，就活在我們身邊，我們要向他們學習。

最後，套一句我的口頭禪：祝天天生日快樂，因為有生之日就是生日！天天生日快樂的人，肯定是個懂得感謝的人。把這本書看完並實踐的朋友們，讓我感謝你並恭喜你，因為你即將成為和我一

樣因懂得感謝而從此幸福快樂的人。

　　祝天天生日快樂，因為有生之日就是生日！

　　　　陳艾妮寫於2010年10月26日臺北阿波羅大廈

　　附註：這一生要感謝的人事物，若有所遺漏是在所難免的
　　　　　事，不管是否在這本書有明文感謝，在此敬請原諒及
　　　　　接受我的衷心感謝！

寫下你的感謝心情

目次

進階篇

附錄

入門篇

第1條法則

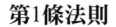

感謝父母

感謝童年時期的老媽沒有「重男輕女」，
沒有剝奪我求學的機會。

在我4歲時，父親工作過勞，因低血壓而過世。我唯一的記憶，就是他被平放在讓他積勞成疾的裁縫工作臺上，老媽在一旁哭得死去活來。從此媽媽帶著我們，成了孤立無援的孤兒寡母。

來自上海的爸媽，當年只是因為同事要來臺灣的紡紗廠工作，剛好多2張船票，沒想到來了臺灣後，回不去了，因為兩岸已分開了。因此，我們是一個親戚也沒有的家庭。我唯一擁有有關父親的東西，就只有一張黑白照片。但是我總是聽到媽媽告訴我，他是如何地愛我這個長女，他再忙，每天也會抱著我到巷口的雜貨店，讓我去玩「抽東西」的遊戲。年長之後，偶爾會看到小時候到處都有的「抽東西」的玩意兒，看到時，就彷彿就看到了爸爸。我要感謝爸爸曾經那樣地愛過我……從小沒有父親，讓我日後在找男朋友、找先生時也在尋找「好爸爸」的典型。

每次看到唯一的一張被爸爸抱著拍的黑白照片，我就告訴自己，我的老爸在天上關愛著我。說真的，因為沒有父親，成長過程中，常有被欺負、沒有人能為我家伸張權益的心虛感，記得結完婚後老公讓我受氣時，也會想到如果我有爸爸，就有人幫我理論！因此在我堅強的表面之下，其實常羨慕有爸爸撐腰的人。但我鼓勵自己成為一個鬥士，認為不讓我家被人欺負，也是我這個長女對天上爸爸的責任。

　　感謝爸爸的感受是矛盾的，因為感謝之外，也很感慨，很想告訴爸爸：「如果你能在世伴我長大，人生該會有多麼地不同與美好。」

　　父親過世後媽媽以做旗袍手工來賺錢養家。從小，我下了課就幫媽媽縫旗袍的布邊或花扣，縫一件會得到一、兩塊錢，然後，到了開學要繳學費或是年底要過年的時候，又要把這個錢繳回去。我的讀書環境是很糟糕的，我們住的地方是二棟房子中

間的夾縫巷中拼拼湊湊搭起來的違建，只要下雨牆壁就會滲水，隔壁是一家非常有名的製鎖工廠，讀書時，他們的機器很大聲又很振動，桌子上的書本都會跟著跳動。

不過我想感謝的是，老媽從早到晚忙著做旗袍養家活口，哪有時間管孩子？沒讀過書的她也不懂得如何管孩子，也講不出什麼大道理，但，就因為這樣，讓我從小就明白「自立自強」、「自助助人」的道理。我自己要找樂子、我主動做家事、我不用常常聽訓話，但是言教、身教讓我成為一個自主自立的人。

來自鄉下的漫畫家蔡志忠，小小年紀就自己報名應考報社的插畫工作，入選後發現他才小學畢業，但他的父母什麼都沒有說，就讓他北上工作。我清清楚楚地記得，他說：「我非常感謝我的父母，因為他們對我什麼也沒做。」因此讓他很小的時候就做了他愛做的事，且因此名揚國際。

感謝母親沒有嚴密地愛護我、照顧我，讓我成為一個生命力強的人。無法好好照顧我的老媽，她讓我學會自立自強、自助助人、自然長大。

由於我家是三男一女，我是長女。雖然因此我做的家事比較多，但是，這多半是因為我的自動自發。我感謝老媽的是，她沒有「重男輕女」，生活再艱難，但每個孩子都要去讀書，女孩也一樣。

因此，一直到了在中學時代，才聽到一些「重男輕女」的故事、社會新聞事件，在此之前，我身為女孩，在家中不知道世界上有「重男輕女」這件事。「重男輕女」的價值觀，到現在還盛行於許多家庭中，比如「傳子不傳女」、「兒子讀書女兒做工」、「女兒沒有繼承權」……但在我的人生中，我勇往直前，敢與任何人競爭，就因為我的老媽沒有灌輸我「女人是弱者」、「女兒是次等人」的觀念。

感謝老媽給了我和三個弟弟一樣的機會：讀

書！愛不愛讀書？能不能讀書？就由自己決定。這個機會讓我從小由書中找到自己的價值。美國影響力最大的女性電視人歐普拉，一個黑到不行也紅到不行的黑女人，從小坎坷，還遭性侵，但她的祖父從小逼她讀書，造就了她日後的自我康復力及成就。讀書，是改變命運的力量。因此，我感謝不認識字的老媽，她不認為我也應該去做個裁縫就好，感謝她給我和弟弟一樣的機會：讓我讀書──即使每次開學時都要標會、借錢，即使長達多年都要活在看債主的臉色下。

感謝童年時期的老媽沒有「重男輕女」，沒有剝奪我求學的機會。老媽現在近90歲了，這讓我更感謝她。朋友的父母年紀大了或病了都需要孝順子女的照顧，而我感恩我的老媽身強體健，能吃能喝能玩能罵人，每天還幫我送送稿件當快遞，我只能說：她真是「孝順」我，讓我不用天天為她的健康忙碌。不但讓我沒有後顧之憂，還幫我跑郵局送

文件買東西，真是太感謝她了。我的小小出版事業
至今能存活，老媽是我的人生一大無形及有形的支
柱。

寫下你的感謝心情

第2條法則

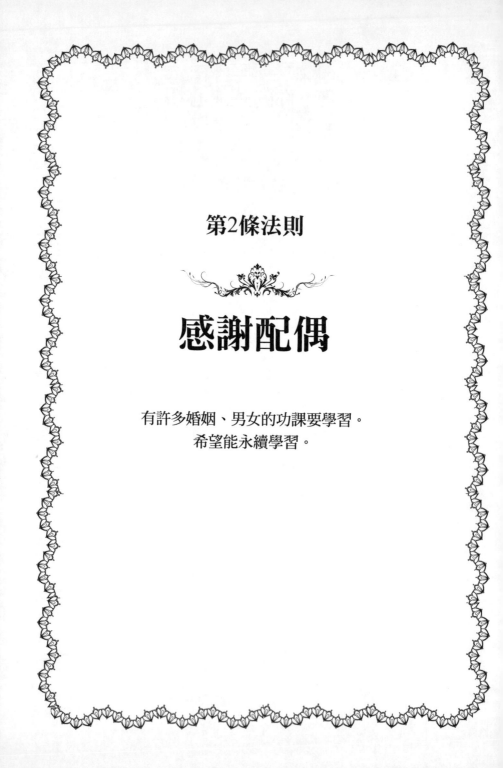

感謝配偶

有許多婚姻、男女的功課要學習。
希望能永續學習。

每個女人都會在感謝父母後就感謝自己的先生吧？我也不例外。我一直想嫁個年紀比我大很多的人，因為自知個性剛強，沒想到，歷經多次戀愛，卻是嫁給了同齡的先生。

感謝我的先生溫柔敦厚，是個孝子與敬業的人。更重要的是，他是個把孩子照顧得無微不至的好爸爸，也因為如此，讓我樂得輕鬆，既然無用武之地，就讓他擔當家庭重責，也趁此讓我專心我的事業及動線。自從50歲後，我的心就嚮往著「自由」！常常旅行、演講、學習，三不五時就上山泡溫泉、出國、訪談、閉關修行……這樣的老婆，至今他還沒有把我休掉，可說是修養夠好的了。

有人對我的婚姻好奇，我會據實報告：「我對我的婚姻100%滿意」，因為，在東方社會裡，一個先生沒有阻止一個女人去追尋夢想、自由行動的話，他就算是「聖賢」，而我就該100%滿意了。

雖然我有3個弟弟，但求學時代大家都用所有

的時間在讀書上，所以，各人上各人的課，交集和衝突有限。所以，我對他們的認識是滿中性的。感謝先生讓我認識兩性差別。體認男性和女性究竟有何不同，得感謝丈夫與兒子，若沒有結婚生子，是不可能真正認識「男性」的。說真的，在學校裡早就讀過相關書本，但要認識什麼是男性，得在真實婚姻生活中才行。

直到我結婚生子，才明白，「男性」這個性別，確確實實、扎扎實實是和「女性」是不一樣的！雖然讀過許多心理學、人類學的書，但只有在婚姻裡、在親子關係裡，我才能真正明白「男性」代表的另一個世界。這就是為什麼和沙特精神戀愛，既沒有共同生活、也沒有生子女的西蒙波娃主張的「女性主義」，是無法運用在現實生活的原因。

感謝老公和兒子教我認識男性的特質，而且活得越老，學得越多，真是豐收。這種學習，讓我真

想再活100年，因為，結婚10年和30年的功課就是不一樣；因為，10歲的兒子和30歲的兒子永遠有讓我驚奇的學習。他們是我人生中現成不用付學費、也不用去找，但可能挑戰更多、收穫更大的老師呢！

人生有山水、婚姻也有山水，在超過30多年的婚姻中，歷經好幾次關係的改變，只要在家庭裡一天，永遠就有新的學習。既然目標要活120歲，就預期還有許多婚姻、男女的功課要學習。希望能永續學習。還好我有結婚，不然我對人生的學習就少了一大塊。

人們問我為什麼我總是那麼快樂？原因之一，就是因為工作關係，常接觸個案，聽到看到如許多離奇怪異的男女問題、婚姻危機、家庭悲劇，就明白，在這樣的社會裡，全家每個人都天天平安回到家，沒有任何人感冒或生病，這就叫做「鴻福齊天」，這就要每天早晚對「幸福的人生」而持續感恩了。

感謝我有結婚！感謝我的老公至今沒有外遇且是個耐心十足的好爸爸、感謝自始至今他都是個「顧家男人」、感謝我沒有遇到有家庭暴力的先生、感謝我的眼光沒有選錯人、感謝我的老公讓我明白兩性世界及婚姻關係。

寫下你的感謝心情

第3條法則

感謝兒女

祝福他們的我，不會綁住他們、要求他們，
只會祝福他們也和我一樣，
做自己、發光發亮！

雖然成長於沒有「重男輕女」的家庭，但我畢竟生活、工作於「同工不同酬」、「性別差異待遇」的社會，也懂得社會上仍有「無子西瓜不能生育」、「生不出男孩」的刻板要求。

感謝我的兒子第一個來報到，這件事我沒有功勞，因為我根本就不知道如何生小孩，更不知為何我會一舉得男，只是大自然讓我理所當然地當了母親，給了婆家一個長孫，這讓我對家人有所交代，因為再寬容的東方長輩如果得不到傳宗接代的長孫，應該也不會諒解的。我感謝事隔13年後，我又意外懷孕，生了可愛的女兒。只生2個，就是一兒一女，這都不是我的本領，也不是我努力的結果，全是大自然的賞賜，也是我的運氣好。一兒一女讓我有交代，讓我心安理得做自己。

我完全不同意「重男輕女」、「女人一定要生小孩」的要求，但我很務實地衷心感謝，若非如此，我的日子一定沒有現在這麼好過。

感謝我的子宮，讓我生出孝順的兒子。兒子從小就乖順聽話，一直是他爸爸事業的好幫手。感謝我一點也不了解也沒照顧過的子宮幫我生了女兒，女兒的出生是我人生徹底快樂的契機。

　　女兒對我的影響，有著極大的意義。她把我從一個只知埋頭苦幹賺錢做事的機器人，變成畫畫寫書的自由人。生完女兒，我開始實現夢想：畫畫、開畫展、畫油畫、做彩繪陶磁、做銅雕、設計筆記本和馬克杯。第一次畫展在東之畫廊，館主劉煥獻給我的定位是：「史上因為懷孕生子後變成畫家者，陳艾妮是先例。」

　　為什麼會這樣？因為，一直忙著事業的我高齡懷孕而天天躺在沙發上，靠打針過日子，看著越來越大的肚子，正在歡喜，即將有個女兒來到生命中作伴時，想到如何好好做個高齡產婦，做個盡責任的母親？當然是把她教育到起碼大學畢業、支持他們成家立業、生兒育女……但若女兒等到30多歲才

肯結婚？那時，我70多歲了……所以我的身體必須很好才不會成為他們的負擔。接著想到：天哪！誰能保證我還能活個30多年呢？剎那間，明白了一個過去想都沒有想過的大事——沒有人保證一定「來日方長」，就算來日方長吧，長壽更需要健康，如果長壽而不健康，到時候若是老年癡呆甚至行動不良，反而變成子女的拖累，還想幫他們創業帶小孩嗎？

　　要致力長壽，而且要健康，為女兒許下這個承諾的一剎那，全身泛起雞皮疙瘩。這一剎那，是生命中最大的一個180度、在懸崖上的大轉彎、人生的高峰體驗！因為我發現了一個可怕的事實：為了腹中的胎兒，我決心要健康長壽，但是從來沒有花過一秒鐘靜下來，為「自己」想過這些？在過去的數十年裡，我是一個乖女兒、好學生、拚命三娘型的老闆娘。在幼年喪父的清貧生活中，用功讀書，每次都能以第一志願考上好學校，勤奮工作，一個

人當三個人用，手快心細、明察秋毫……我有萬夫莫敵的氣概一直在做「我該做的事」。但，我沒有做「愛」做的事。喔，我有夢想沒去進行，我有天賦被壓制，沒有做的話，我會死不瞑目的。

而我自問：看起來，離事業的成功還很遠，何時財務能自由？這個問題，目前還沒有答案。前半生的前一半，貢獻給原生家庭，但我的生日，三個弟弟沒有一個會想到給我一塊小蛋糕；前半生的後一半，貢獻給家庭事業，卻沒有主導權也沒有感謝，只有責任與承擔。在此同時，我為什麼還擱置自己的天賦及夢想？

讓我全身起雞皮疙瘩的這次高峰體驗，讓我從此勇敢追求實現夢想。從此我不再怪別人，只怪自我耽誤，我一直是做個不停、做得都對、但就是沒有「為自己做最對的事」的人。感謝女兒教給我這些功課：「人生不能只做該做、能做的事，也要做『愛做』的事，不然枉來人生一趟。」「人生不能

只為別人,也要同時兼顧自己。」

　　生了女兒後,我成為「及時行樂」的信徒,見縫插針,不再等待,興高采烈過日子,且到處傳播這個訊息!

　　感謝我女兒,以前我要別人快樂我才敢快樂,覺得不是全家出國旅遊就有罪惡感。現在,我照自己由20歲就訂定的環遊世界計劃開始單飛,在女兒小學四年級時,就帶著她完成北半球繞一圈的「環遊世界」紀錄。我女兒幫我覺悟:環遊世界靠的不是財力而是體力和智力;環遊世界不能等待,因為世上沒有「萬事具備」那一天。

　　生日時,每個人都送禮物給過生日的人,但,一個人生日時,應該得到禮物的人還包括生他的母親才對,不是嗎?而每年母親節大家都會送禮物給母親,但我都是先送禮物給兒子女兒,因為他們生活無缺,我有時只送一張卡片,但我總會在母親節這一天向兒女表示感謝:

「感謝你們來做我的兒女，

讓我成為一個母親，

而做一個母親讓我的人生更幸福。」

不管他們是否能領會，我是真心地感謝人生有他們。在現今的社會上，晨昏定省圍繞膝前的孝子很難做到，我期許他們飛高飛遠做自己，「只要曾經擁有，不在乎天長地久」，說的不只是愛情也是親情。我永遠記得在醫院生他們、在困難的歲月裡養育他們，養兒育女的記憶是永恆且甜蜜的。

感謝我的兒女沒有讓我花許多時間在他們身上，他們自立自強，他們具有在社會上的競爭力，沒有花我很多時間去照顧他們。今日我在創作及社會服務上的小小成績，他們都有無形的加持。

如今已成年的兒女，就像《先知》書中說的，是「射出去的箭」，祝福他們的我，不會綁住他們、要求他們，只會祝福他們也和我一樣，做自己、發光發亮！

寫下你的感謝心情

第4條法則

感謝老師

感謝老師的方法，最好的回饋方式，
就是「把愛傳出去」。

感謝國文老師郭仲寧、感謝高中地理老師、歷史老師、美術老師……還有其他我記不清、說不清但都曾點滴啟發我的老師們。今日我勇敢成為作家、畫家的種子，都在他們的教室裡種下。這些老師在我身體裡種下的，不是與考試有關的知識與分數的價值，而是身體語言、價值觀和原則！

若沒有國文老師的「身教」，我也許不會像現在這樣，堅持要做個全華人世界寫書最多的女作家。我要在兼顧家庭、樂趣的同時，也要經營出版事業，世俗的女人角色不能阻止我，賢妻良母的功能別想限制我！這一切，也要謝謝歷史、地理老師。

感謝之情，永懷不忘。但，你是否會問，我是否有去找郭老師當面致謝呢？曾聽說郭老師人在高雄，也試過尋找卻未果，之後就沒有再積極尋找。因為，在每次的教師研習營和老師研習班的演講上，我都會提到恩師郭仲寧對一個窮孩子精神上的

激勵，我認為，每場演講、每本新書，都是一場謝師宴。

　　感謝不必有餐宴鮮花的形式，學生的上進、努力、成就，就是謝謝老師的最具體表現。相信，無論郭老師現在在哪裡，都會同意我的做法。感謝老師的方法，最好的回饋方式，就是「把愛傳出去」，把當年我「受教」的情境及啟發，用各種方法「傳」出去！

　　寫這本書的目的之一，就是要用這樣的方式來謝謝老師們。只有我在心中感謝郭老師，不如讓更多老師知道，一個老師的敬業與自我重視，是如此容易地讓學生感受到知識的美感、學習的樂趣而終生受惠，繼而，社會國家也可能受惠。良師可以興國，真的！

　　無論郭老師您現在在哪裡，請讓我在心中、在這本書、在演講中不斷地向您說：謝謝老師！

寫下你的感謝心情

第5條法則

感謝初戀

人生苦短，有話還繞著說？
多麼虛！

誰沒有談過戀愛？誰沒有愛得痛苦的初戀？我也有，既然沒有辦法結成正果，就演出老套的戲碼：雙方糾纏痛苦了好幾年。戀愛就是這麼一回事：你想在一起的時候，對方不想！但是隔了一陣子，你不想，他又想了！這種情形會反覆好幾次，如果戀情拖了夠久的話，可以拉扯好幾年！由出國到回國，由單方、雙方、又單方，再加上長輩的加入戰局……到最後，取捨的原因已經複雜又模糊了。

處於這種狀況的我，沒有親生父親，沒有哥哥，沒有男性親友長輩可問問（不知可問誰，就算有，大概也不會問家裡的人），竟然異想天開，打了電話找心目中最雄糾糾、氣昂昂的長輩：學校裡的總教官。

因為大學時代是社團裡的紅人，總教官算是很買帳，就約了在「六福客棧」的咖啡廳，我囉哩囉嗦地說了許多戀情的細節……軍人出身的總教官一臉的無表情，沒有安慰也沒有建言。我如坐針氈，

最後想結束這一場獨白，就問了這句：「我想挽回，總教官你覺得呢？」

總教官終於開口了，他冷冷地說：「有必要嗎？」

「有必要嗎？」就這麼簡單的四個字，如雷貫耳、當頭棒喝、醍醐灌頂！我的萬千心緒、百種考慮，就全部煙消雲散了。對呀！幹麼這樣麻煩，有必要嗎？

沒必要呀！六法全書、宗教經典、四書五經……都沒有規定你一定要挽回愛情，你有必要去單方面挽回感情嗎？我聽到許多人說：「如果我要和我男朋友分手，他一定會瘋掉或自殺。」「沒辦法啦，注定了，就是她了。」即使關係非常不好，也要「從一而終」？這些人，都是自我設限的人，表面上是對方綁住了他，其實是自己要綁自己。

好好笑，我為什麼會有「為了造成的不愉快，因為對不起對方而該挽回或彌補」的好笑想法？

感謝總教官沒有以「同情心」、「同理心」浪費他的時間、我的時間，板著臉又開門見山地建言，這樣才好！這樣最好！因為，聽不懂的人，就算三天三夜地安慰與勸導，也是沒有用的。聽得懂的，一句話就夠了！

感謝總教官，他讓我走出沒成功的初戀，也教我打破封建情感迷思，分手後沒有對錯，感情的事不能勉強、不必補救，沒必要的事就不用做。這讓我省了好多、好多的時間。還好，美好的人生，沒有被一件小小的感情事件破壞。

感謝總教官直言與校友會青花瓷事件，讓我成為「真話直說」的人！

我說話很直，是有名的。我深知自己說話的缺點：「開口必真誠、真誠必得罪人、得罪人必倒楣⋯⋯只是倒楣不知道何時『應驗』而已。」我每次聽到有人說：「因果必報，不是不報，只是時辰未到」時，就覺得好像是在說我。

我常說，因為我的這個重大缺點，我只能選擇容許我說真話的行業。好在有個行業叫做講師，在屬於我的場合中，來聽課的人已經是我的粉絲，就能讓我暢所欲言。我是絕對不敢去大公司、公家機關上班的。像我這樣綠林好漢的性格與精準用詞，肯定「下場」是非常「難看」又「悽慘」的，非常確定的是，有朝一日若我被「暗算」而倒下時，背後的刀子絕對不會只有一把。

　　天哪，不會官腔，也不圓融，這樣的人至今還見容於社會？這真是讓我感動到無以復加，感謝老天還賞我一口飯吃，只有跪拜才能表達我的感激之情。其實我每年過年時都會反省這一年的得與失，一定會問「陳艾妮」這個問題：要不要改變說話風格？要不要客氣一點、圓滑一點、世俗一點？我不是不能這樣做，但是，每年面對抉擇時，想想，就讓這個世界留下一個這樣的人吧！反正還是有人需要我這樣說話……接不完的演講檔就是證明。我鼓

勵自己，只要是「就事論事」、只要持續「從來沒有針對個人」，為了公論而「犧牲小我」，只要想法子面對說直話的後果，只要有能力承擔說真話的後果，那就繼續吧！

　　而我有這樣的勇氣及執著，力量由何而來？這裡有二個力量。

　　一個，就是幫我走出初戀迷思的總教官，他的直言省了我許多功夫。他若花時間以「同情心」、「同理心」給我時間及一大堆言語，只是延誤我走出困境的煙霧彈而已。總教官讓我在日後有人提出問題，在我確定對方真的把我當做意見老師時，我就給他真實的意見。我期許自己做個挑戰對方的「教練」，而非溫柔敦厚的「教師」。是的，我歷經掙扎，多次內心交戰，但已決定，這一生，有人有問題，就直接回答吧。人生苦短，有話還繞著說？多麼虛！

　　第二個力量，就是曾經發生的這件事：在加州

旅行時，參加了一個聚會。聚會場所是一個豪宅，女主人在臺灣也是個知名的財經界名女人，當天，在她那挑高大廳的山坡住宅裡，約有數十個人與會。只見大家觀賞著女主人家精美的裝潢及各式各樣、四處擺設的骨董，現場氣氛十分的高級及優雅……但是，我看到其中一位女士，揹著一個大型包包，在一個青花古董瓶的旁邊晃來晃去，我的頭皮發麻，覺得有事會發生，我直覺要去跟這位不認識的朋友說：「不要在這裡晃來晃去。」或是，主動向前跟她說：「小心踤到花瓶。」

　　但是，我想了想猶豫了起來。怕她會覺得我多事，怕她覺得我管太多，因此就沒有上前去開口。但是，她還是在那兒晃來晃去，過了沒多久，我又問自己：「要不要去跟她說？」同樣地，經過內心交戰，為了怕太唐突，為了怕她會覺得我很勢利，所以，我又把這個上前提醒她的衝動壓了下來。

　　但是，她還是一面跟人說話一面大動作晃來晃

去，第三次，我問自己：「要不要去告訴她⋯⋯」
但是，就在這個時候，出現了一個聲音⋯⋯什麼聲
音？你一定猜得出來！不用我說，你一定了解！

　　響聲後，所有的人都圍了過來，闖禍的那位女
士臉都發白了，女主人畢竟是擺場面的人物，連聲
說：「不要緊、沒關係、小東西、不重要⋯⋯」但
是看到立即趕到現場處理的管家、佣人們的鐵青表
情，就知道，打破的這個東西值多少錢。當天，好
端端一場非常愉快的盛宴，就被這個響聲破壞了。
而造成這件災難的人之一，就是我。

　　當場「預知」、「目睹」這個畫面的我，心中
充滿著無限的懊惱，我深深地自責，為什麼想那麼
多？為什麼都為了自己考慮？為什麼要這麼小心？
如果我得罪了這位女士，但是就可以避免這麼不好
的後果，那該有多好？對方領情不領情，有什麼重
要？預防問題、幫人解決問題才重要，不是嗎？一
張嘴能發揮功能的地方，不就是在這種事情上嗎？

感謝這個事件。從此，看到有人在犯錯、將要闖禍時，我不再顧東顧西，想來想去，我會一馬當先去說、去提醒對方！我不要再發生同樣的事：讓那響聲出現，只因為沒有及時上前勸告一個人而到今天都在自責。

但是，要特別強調，真話直說，是要付代價的。付不起這個代價的人，千萬不要以我這個壞榜樣為學習對象，在此鄭重聲明。我有心理準備及能力付代價，所以能這樣。必須「心臟」夠強，「毀譽參半」也無所謂、「千山萬水我獨行」也OK如我的人，才可以效法我的「真話直說」。我已做了抉擇：諄諄善誘的工作，交給比我溫柔敦厚的老師們去做，而我，選擇了：做「開門見山」、「一針見言」的發言者。

感謝這個經驗，給我勇氣說話。同時我也明白，如果有人當場說了讓我難堪、不好過的話時，

其實對方都是貴人！因為，他也是和我一樣，在做一件好事，即使聽到的人當時可能不懂也不領情。

寫下你的感謝心情

第6條法則

感謝身體

再大的財富也「買」不到
生命與健康。

2003

年12月7日，報上出現了這則新聞：英業達公司的老闆溫世仁，才51歲就因腦中風過世了！接下來，大量的新聞都在探討企業界過勞、猝死的話題。

而我，對這則新聞的最大震撼是：他擁有100多億的財產，但是，他無法用他的財富留下他自己？後來另一個新聞是，1000多億身價的臺灣首富郭台銘的髮妻也因病過世，原來，再大的財富也「買」不到生命與健康。當時，我正處在「更年期」的痛苦及「退休規劃」的掙扎漩渦中。這則新聞給我了當頭棒喝。

我在有機界的一對朋友告訴我，他們在大陸有個機會見到只喝可樂，一年365天幾乎都在旅行坐飛機的溫世仁先生，他們很積極地邀他參加他們舉辦的「排毒營」，因為他們認為他的身體已有危機出現。這對夫妻甚至追到臺北，不斷地試圖聯絡他、勸他改變飲食……但是沒有成功，沒多久，就

出現他突然離世的新聞。這件事還讓我想到另一個真實故事，一個超成功的女強人一直想在陽明山的隱居朋友家閉關靜修一段時間，但是一直沒有實踐，還是一直忙下去，結果，有一次飛機失事……一切成空。

是的，世事都有個時間點。素昧平生的溫先生，助我下定了3個重大的決心。感謝溫世仁，以肉身提醒大家，要及時去做一定要做的事，而其中一件，肯定就是保健、養生。感謝他的提醒，讓我決心開始以「做功課」的心情來研究養生、排毒，以至於今天60多歲的我，比30歲時還健康。這，要感謝溫世仁先生。

溫世仁讓我以健康為第一要務，50歲以後才開始這門功課，我讀了數百本書，聽了許多講座，看電視健康節目，尋找健身教練、氣功師、瑜伽老師、整脊師。

健康很重要，這個道理誰不懂？但我們常常會

在工作壓力、事業野心、社交活動中忘了它。忘了身體才是人生的真正老闆，一定要好好伺候它。你若不甩它，它就不甩你。你整它，它就整你。別和身體開玩笑，要小心，身體的敗壞不必等到老年。若未老先衰，光是走路一拐一拐、連樓梯都爬不上，人生就差不多了。

所以我定期走路，我知道，只要能走路，人生就不會太壞；若不能正常走路，一切都是空。我一定要每天好好走路，人生只要還能走路，成功不成功也就不重要了。悄悄透露給你聽：我瘦了20公斤，唯一的運動，就只是大量走路而已。

後來我又跑去學瑜伽，如果我沒有學瑜伽，我早就不成人形了！我可沒有誇大，在我更年期後，明明沒有病，卻覺得人生辛苦又無味。整個身體是笨重的，人生是灰色、扭曲的，情緒是模糊又痛苦的。人在病痛時，名利、愛情、親情有什麼用？我知道這是一件只有自己才能解決的事，就像比爾．

蓋茲不能叫別人幫他吃飯、電影紅星也只能自己去上大號一樣，我知道醫生、護士、氣功老師、算命師都不能幫我健康，只有自己能去應對身體的抗議，去做它喜歡做的事，而大家的推薦，都是建議我去做我害怕又討厭的瑜伽。

其實剛開始做瑜伽，是超痛苦、超無奈、極抗拒的。我早就想健身，但教學法的問題，把我，當然也把很多人拒於門外。像太極，人人皆知是最棒的中國功夫，但我學了3次，都沒學成，因為老師的教法，讓人感到挫折與無趣。很多教瑜伽、打坐、呼吸的老師都是很耐看（要忍耐著看才能看）的，只要看到練功老師的一臉苦相，就覺得，這應該是不容易學、學了也會一樣「憂頭角面」的，所以就沒把它們堅持學起來。

幸運的是，當我想學傳說中的瑜伽時，第一個碰到的老師，是會笑的李玉美老師。她在教學時，自己是堆了滿臉的笑，教課時還會提醒大家：

「喂！你們的動作都是100分，可是你們的表情只有60分！」她讓我覺得瑜伽不苦，心理不排斥，接下來，就讓我終於進入了美妙的瑜伽世界。經由她的領進門，我終能體會瑜伽的簡單與深廣，開竅後，就有了慧眼，能領會並享受每個瑜伽老師的特色及不同派別的妙處。

領進門的師傅，太重要了！好老師讓我們知道瑜伽不只是體位法，呼吸就是瑜伽，生活就是瑜伽。感謝瑜伽，讓我開始能享受和身體共同生活的幸福。西醫系統不是每個人都能接觸到的、健身房系統的昂貴不是每個人都消費得起的。平價保健的古老技術「瑜伽」，就是平民的護身符。感謝瑜伽，讓我學會真正地與自己的身體活在一起。我推薦大家快點學瑜伽。

感謝我的身體！我是開始健身、學瑜伽才明白，身體是宇宙中的奇蹟。而我竟然與它相處了數十年都不懂得敬畏它。為了工作事業胡亂使用身體

數十年，我開始為它研究養生及改變，也不過是幾年的功夫，它就「原諒」了我，它就回復逆轉，身體太神奇了，太偉大了！身體是寬宏大量的，我一想到這，就想掉眼淚，它這麼快就原諒了我，我也不會再辜負它了。

我感謝身體的寬宏大量，我因此成為推廣養生的人。我感謝身體的偉大，天天一面打字一面感謝我的十指，我對它們說：「謝謝你們每天幫我打這麼多的字。」我感謝身體的偉大，天天一面走路一面感謝我的兩腳，我對它們說：「謝謝你們每天走這麼多的路。」洗澡時我會一一為它們按摩來表示我的感謝。我感謝身體的偉大，天天一面寫書或看書，一面對我的眼睛說：「謝謝你們每天從早到晚為我工作。」

寫下你的感謝心情

第7條法則

感謝公司

別管背景、不怕科系不符，
想做什麼就just dot it！

大學畢業，家庭的債務等著我上班賺錢來補洞，哪有可能像同學一樣準備出國。未畢業，我就乖乖地積極找工作來幫忙家計。傻傻地以社會系的背景去考當時最熱門的、八竿子打不到的紡織成衣廠，竟也被錄取，還神奇地上班二個月後就被老闆派駐到新加坡，到新加坡一個大型工廠去擔任管理工作。

當時，臺灣還沒有「超市」，我來到新加坡的超級市場，看到整排的商品架，可說是一次「文化震撼」。那時，真的想過要趁著工作之便移民新加坡，而理由之一，很可笑，就是臺灣沒有這麼漂亮的超市。感謝新加坡華綸紡織公司的工作機會，因為它讓我得到了一個終生的至交傅蓉男（Judy Fu）。她是公司的元老員工，卻因我的學歷，竟得屈就為我這個社會新鮮人的屬下，但她心胸開闊，「帶」著我這個「主管」學會了成衣製作流程、報價、算重量、叫副料、通關到包裝封箱、押匯……

我學會了完整的生產流程。

Judy後來移民美國，以她的會計長才成為一家餐飲旅館公司的財務長，事業成功又富有，讓我為她高興。很少見面，但心中常懷感謝，因為她是我在生產管理流程上的啟蒙師。而這個本領讓今天的我有能力經營保健食品，感謝她。

感謝新加坡華綸紡織公司的工作機會，這個機會讓我進入新加坡大學修學分，讓我感受到洋派的校園風情。雖然我沒有能力留學，但在新加坡我彌補了無法繼續出洋深造的遺憾。

感謝新加坡華綸紡織公司的工作機會，這個機會讓我見識到「超市」的存在外，也有機會看到一個國際大都市的格局：有樓房，但也有植物園、跑馬場……有大片的綠地公園，不會把所有的地都拿來蓋房子。我回國後，對自己的國家的期許規格，從此再也不同。

感謝新加坡華綸紡織公司的工作機會，這個

機會讓我對找工作的規格有所改變，所以由新加坡回國後，我鎖定高目標，又以社會系這樣的非相關科系，硬是去報考美國史谷脫紙業公司的一個新職務：臺灣第一個「產品經理」，不是管理科系的我竟在720個人中被錄取了。教育專家杜威說：「learning by doing」（做中學），我毫無恐懼地邊做邊學（on the job training），成功地讓我管理的「舒潔（Confidet）衛生棉」成為臺灣第一個由簡陋的「紗網棉花團」進步到精美「不織布防漏設計」的衛生棉，成為Scott Papper贏過Kimberly-Clark的第一個名牌。

　　感謝史谷脫公司的工作機會，讓我學會了由產品設計、成本控管、包裝設計、生產品管、產品定價、通路建立、營業競賽、廣告文宣到相關法規，這整套流程的執行，讓我成為懂得行銷的人。感謝史谷脫公司，和新加坡成衣工廠一樣，讓我在短短時間內爆破成長，迅速進入狀況、習慣擔當大

任⋯⋯也讓我成為總是激勵人們「別管背景、不怕科系不符,想做什麼就just dot it!」的一個人。

　　為了結婚生子,我離開了史谷脫紙業公司,暫時到《藝術家》雜誌幫忙,因為《藝術家》雜誌的何政廣先生被邀請去美國做參訪學者,時間長達一年,而我以朋友身分挺著個大肚子幫他挺個一年。我從小在學校編輯校刊、系刊、畢業紀念冊,這工作對我是駕輕就熟,何況,雜誌主題是我一直不能如願的「藝術」,這段時間對我而言,是快速了解藝術界生態的寶貴時間。感謝《藝術家》雜誌的何政廣先生對我這個外行人如此信任,回想起來也要感謝擔任編輯顧問、已過世的畫壇大老劉其偉的指導。他們,讓不能做個藝術家的我,有幸能接近藝術的城堡,感受做個藝術人的品味。

寫下你的感謝心情

第8條法則

感謝工作夥伴

感謝我的員工給我的磨練，
員工也是老闆的老師。

在新加坡，我學會了管理藍領群眾的大工廠系統及國際貿易；在史谷脫，我學會了與洋人合作的商品全程規劃及媒體行銷。直到後來，我和先生創業，排版、出版、雜誌……等到女兒出生，我選擇了個體戶的演講工作及出版個人書籍，開始與美工創意者合作，因此又接觸了許多員工。

感謝這一路來遇到的員工，他們是我最好的工作夥伴，讓我很早就明白這個道理：我是一個不喜歡做領導者的人。不喜歡領導，就不會領導得好。我有許多機會做團隊的頭頭，由社團到協會，比如校友會、社交社團，但我都覺得我格格不入，且不願意花時間。我的時間天平上，寧願電話輔導一個陌生人幫他不要自殺、不要離婚，也不喜歡帶著團隊聯絡感情。

感謝我的員工給我的磨練，感謝曾經被我帶過的員工，你們讓我決心要當個自由業者，不要做組織與團隊。跟我共事的人，一定會在我身上學到寶

貴的「時間管理」、「價值觀定位」……感謝我的
員工給我的磨練，員工也是老闆的老師。

寫下你的感謝心情

進階篇

第9條法則

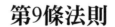

感謝一位偉人

我面對官員或富豪，
從來不覺得自己身為女人就矮他半截，
因為我們活在男女平等的世代中。

我常常感謝國父孫中山先生，他於1866年11月12日誕生於廣東省香山縣（今名中山市）翠亨村一個貧苦農民家庭。在香港西醫書院畢業，曾先後在澳門、廣州等地行醫。他的醫術精明，而且對貧窮病人免費治療，因此，行醫不滿二、三月，聲名鵲起。1894年6月，孫中山到天津上書李鴻章，要求改革時政，被置之不理。同年，爆發了中日甲午戰爭，清政府在戰爭中接連失敗，孫中山進一步認清了清王朝的腐敗無能，愈發堅定了革命救國的信念。

他在檀香山建立興中會，在海外16年，先後5次環遊世界，在華僑中廣泛宣傳革命，建立革命組織。1905年8月在同盟會機關報《民報》的發刊詞裡，孫中山首次提出了「民族、民權、民生」三大主義，由1907年5月的黃花崗起義開始，孫中山直接領導起義……1911年10月10日，武昌起義爆發……終而敲響了清王朝的喪鐘，接下來就是一長串的政治事件。

1925年的3月12日他在北京病逝。死前留下遺囑：「余致力國民革命，凡四十年，其目的在求中國之自由平等。積四十年之經驗，深知欲達到此目的，必須喚起民眾，及聯合世界上以平等待我之民族，共同奮鬥。」這些發生在我出生前的事件，對我的人生有重大的影響而讓我感謝萬分。

　　我感謝國父孫中山先生二件事：一件是他示範的精神──革命到第十一次才成功。每當我失敗時，就會請出國父來幫我打氣：「國父都要革命11次才成功，失敗10次都算正常。」我還有其他的口頭禪：「愛迪生失敗1000次才找到電燈泡的材料……人類都上了月球，和這些比起來，你我的問題都不算是問題。」

　　我感謝國父孫中山第二件事：他帶給我們的女權。西方的女權是女人們上街爭取而來的，而中國的女權則是國父堅持之下才通過法案的。當時，大部分的女人沒有上學、不懂得權益為何物，還活在

三妻四妾、甚至纏小腳的世界裡。當時的女人渾然不覺,但國父獨排眾議,在法案中訂下了女人就學及投票的權力。我常感謝他,因為若不是這樣,若我們還活在禮教殺人、封建妻妾制度之下,像我這樣個性的女人,早就沒有生存空間,更別提還被人肯定呢。想到這裡,就會流冷汗,還好有國父在我出生前,就改變了中國女人的地位。

感謝國父,他教我在蹅到困難不被打倒,再大的問題當前我也不認為是堵到「高牆」,而認為那只是「比較高的階梯」;我面對官員或富豪,從來不覺得自己身為女人就矮他半截,因為我們活在男女平等的世代中,不是嗎?這都要感謝國父啊!

寫下你的感謝心情

第10條法則

感謝一位恩人

對坐胎的我而言，和其他難產的媽媽一樣，
我們是闖過鬼門關重生的一群人。

28歲生兒子，懷孕中期發現是坐胎，是個可能將難產的狀況。婆婆天天燒香祈求順產，媽媽天天禱告要生得順利，而我，去做凱格爾運動、照醫生指示做跪姿或自由心證做倒立……快生產了，還是坐胎。我不要開刀，因為我天生怕看到血，膽小謹慎過日子，不想為了幸福的生產在肚子上留一個刀口。

因此，我遠赴榮總，找最知名的主治醫師親自接生。記得胎動的那一天，由前天夜晚痛到天亮時趕到醫院，醫生只讓我不斷地走路，到了中午去照了X光，確認我的骨盆夠大，可以考慮讓我自己生，給我的指令還是繼續走路。直到晚上，讓我上了分娩臺，但我的開指數忽大忽小、陣痛時間也不規律，在整個產房每個產婦都生完了小孩後，只剩一個我的坐胎還在肚子裡玩遊戲。到了深夜，醫生及護士都精疲力竭，輪流去休息，讓我一個人躺在冰冷的手術臺上看著天花板上白白的燈，渾身發

抖。終於，兒子決定要「出場」了，因為我決定自己生不剖腹，所以沒有用全身麻醉。第一次生，沒經驗也沒人告訴我，我盡情地叫得啞了嗓子（第二次生，就一聲也沒吭地把女兒快速生了出來，沒再允許自己傷害喉嚨），但在醫生冷靜又專業的手法下，他用產鉗把兒子「請」了出來，讓我完成了少見的「坐胎自然生順產」。且兒子沒有用頭衝產道，生出來時沒有鼻青臉腫發黑發紅，護士都說，很少見到一生出來就方頭大耳、漂漂亮亮的新生兒呢！

　　那天，我好有成就感，沒開刀還讓兒子一點壓迫都沒地出生，這都要衷心感謝現代醫術！如果我身在深山、活在偏遠落後地區，坐胎可能就會讓我送命。好在有榮總，好在產科技術進步，所以我才能順產。生產後，痛苦了九個月的身子身輕如燕，吐了大半年的腸胃大開，老公買了木瓜讓我開懷大吃，好滋味到現在還記得。

在探視兒子時，我看到嬰兒房裡排滿了新生嬰兒。我聽到護士說，當天和我差不多時間生的一位原住民媽媽，生的是雙胞胎……我在嬰兒房裡也看到他們，和我的孩子一樣，都是五官四肢俱全。這讓我明白「眾生平等」這句話，雖然我和原住民的背景學歷不同，但我們的孩子在出生時，是一切公平俱全沒差異的，哇！太感謝大自然的設計了，一切眾生平等。

對一個女人而言，生產就是一次鬼門關；對坐胎的我而言，和其他難產的媽媽一樣，我們是闖過鬼門關重生的一群人。感謝我生在這個時代，感謝有現代醫術……說不出的感謝！

寫下你的感謝心情

第11條法則

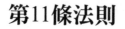

感謝一位惡人

想等到公平？想一切都正義？
不然就讓自己和別人都別想好好過日子？
這樣的人生，錯過不公義之外的許多好風景。

因為繼父的債務及工作不穩定，經常要搬家，由羅斯福路搬到三重工廠、由工廠搬到……已經記不清了，反正小學六年就念了好幾個學校。最後終於定居在永康街，最後小學畢業於龍安國小。許多的小學、許多的老師，都記不得了，唯一記得的這一位，不是因為感恩他的苦心教學，而是因為痛恨他的「暴政」。這是那時的學生共命：打罵教育就是正規教育。

生活在那個可怕的時代──打罵教育是理所當然的事。尤其是要升學的小五、小六，打罵就成了家常便飯。於是，每天帶著恐懼的心情「上課」，心情卻是有如「上刑場」。每天早上，在龍安國小馬蹄形的教室樓房之間，總是會有一間教室「開張」而傳來木板條子清脆打在小孩手掌心的聲音。

而小六班導：軍人退伍的魔頭徐「老師」（我認為會打人的人根本就不該被人稱為「老師」，打罵人是監獄裡的「典獄長」才會做的事，不是

嗎？）就會發出「嘿嘿嘿……」的聲音恐嚇全班小孩子：「聽到了沒？某年某班已經開張了，你們等下要小心！」再等一下，另外一邊也傳來響亮的聲音，老師就陰森森地再說：「功課沒做好的人，等下就輪到你……」

體罰時代裡，學生不必做錯事，只要有考試就有機會被打，因為答錯幾題就要打幾次。而那個年代，是天天有考試。即使到了現代，是否還是一樣？天天大考小考，天天讓學生活在「分數」的陰影裡。

這位徐老師，喔，不該只說他，應該說那時的大部分老師都是這樣，每天的任務就是恐嚇打罵學生。那個時代，每位老師「可以公開打罵學生」，認為這是理所當然的事，但對我而言，卻是荒唐至極，無法理解的事。

為什麼我會寫「3Q親子成長班」系列？為什麼我選擇苦行僧般的校園巡迴演講生涯？為什麼我

每場校園演講都會要求家長舉手宣誓「從今天起絕不打罵小孩，包括別人的小孩、還沒生出來的小孩及孫子」？為什麼我會設定「中止中國人打罵小孩的千年傳統」的人生任務？就因為我在小學六年級就強烈地在心中吶喊：

憑什麼大人可以打小孩？

為什麼成績不好就要被打？

為什麼父母老師可以利用身分及職位來傷害學生的身心靈？

幼齡的我，表面上無法抗爭，但在心中是唾棄這種人的。亂打罵小孩的老師及家長，破壞了其他好父母、好老師的貢獻。小小心靈中許願：我長大後絕不會打罵小孩；同時，在我開始寫書、演講後，「中止中國人打罵小孩的千年傳統」的任務就具體成形了。

我喜歡訪談工作，因為可以「閱讀別人的人生故事」，而每個人都有他精采的情節。訪談時常

常是由童年談起，其中有好幾次，我的訪談對象，雖然是成功人士，但是講起童年被父母虐打的情節而哭得好傷心……然後他們會要求「書裡不要寫這一段」、「其實我知道父母是愛我的」……這些畫蛇添足的功夫，只是讓我更心疼他們想掩蓋的傷痕，也更明白在那個年代，大部分的人都要花一輩子的時間來「自我復健」。

感謝這位老師，他在我心中早早埋下了這個對抗中國人數千年來以「家法」掩護「家教」的任務種子。做老師（包括父母）的沒有權力打罵小孩；而被打罵的小孩要學習不畏強權、自力救濟。打罵別人的人，是暴露自己的無能；想教育別人的人，要拿出來不斷精進的方法，而非打得更大力、罵得更大聲的武力暴力。是的，「終止中國人打罵小孩的千年傳統」，用寫書、演講、上電視的方式，只要還有一口氣在，我就會繼續下去！當年年幼的我不能對抗打罵教育，現在成年的我，就要為「終止

中國人打罵小孩的千年傳統」這件事做點事，當然，我也是反對各種形式「家庭暴力」的鬥士。

　　而徐老師對我們打罵已經是不對的事，還打罵得不公平！在班上，座位分成中間及靠邊的兩排，中間的是我們這些成績好、打算升學的「好學生」，坐在窗邊的都是成績差、在老師心目中不可能考上學校的「放牛生」……不公平的事因此發生，同樣考錯一題，老師正眼都不看的「壞學生」、「笨學生」只打一板，而我們這些將來可能會讓學校有面子的「好學生」、「升學生」就得打三板？！人間有一個東西，叫「不公平」！感謝這位老師，他讓我知道人間本來就有「不公平」這件事，但是你得和它共存、求生存、求變革……

　　我從小就是功課好的人，但我的感應系統總是站在功課不好的同學那一邊。沒有人故意要考不好，誰也不想做全班最後三名，為了功課不好而被人看不起、被老師欺負、被父母虐待。這些全是我

從小就看到的不公義的事。因此，我反而對「知識傲慢」、「學歷精英」有點排斥——如果這種人有「飽人不知餓人飢」的態度的話。

許多天真又認真的人，面對了不公不義的事，就哭、就鬧、就發瘋、變神經病，或理直氣壯、得理不饒人、打官司……我卻不會，因為，我很小就知道人間不公平。我只會想：「我如何對抗它、改變它」，遇到不公義的事，我想的是：我可以「說」些什麼？我努力做的是：如何在不公平中一樣要讓自己活得好，也讓別人能夠活得好。

想等到公平？想一切都正義？不然就讓自己和別人都別想好好過日子？這樣的人生，錯過不公義之外的許多好風景。

感謝小學時代就讓我學會「面對、接受、改變不公義」而沒有情緒化，這讓我成為一個「至情無情」、「敢言敢做」的人。清楚記得，在離開小學時，我在那本彩色印刷的畢業紀念冊上寫的是「逃

出鐵幕」這四個字，當年學校教育系統中的「打罵及不公義」，讓可愛的校園變成「鐵幕」？是人為的制度造成的，而制度是應該不斷被修正的，因此，陳艾妮骨子裡充滿了「變革」的血液——讓「老師」這個神聖的職位被肯定，但要去除不正確的教育法。

一個好老師可能成就學生一生的一個好習慣；一個壞老師，現在回想起，他成就的可能更多！仔細回想起來，對於小六的這個壞老師，我要感謝他給了我三個重大影響。一是他讓我推動中止打罵教育的任務；二是他讓我懂得在不公義中快樂生存；三，就是他讓我從小就成為「女權分子」。

「讓我檢查你的口袋裡有沒有帶不好的東西到學校來。」就這樣，這位老師把魔手伸入班上長得漂亮的女同學的胸前口袋。以檢查為名，行色狼滿足色欲之實。但是我不屈服，不論因此會被罰、被打得更重，我就是不從！但是當年因長得漂亮而不

得不被老師特別「關愛」的那幾個女同學，後來都沒有成材，且發生一些奇怪的遭遇：初中就懷孕、和家教老師發生戀情、很早就結婚、沒能好好升學……我相信，一定是這個壞老師曾經伸出的魔手，造成那些可憐的同學在心靈上有了創傷所致。回想到這些，我心中的怒火就會激勵我：在社會新聞出現性別事件時，我一定勇敢說出「女權角度」的看法——雖千萬人，吾往也！

女人要保護自己，不受色魔及婚姻角色的壓迫。但父母要教她如何對抗，不要教女孩要「聽話」。我呼籲：教導小孩、甚至是大人對抗色魔這件事，要及早進行！

女人不要因為性別角色的差異而自暴自棄，即使面對失戀、暴力或離婚……我在中年後，勇於對抗性別差異，不受婚姻角色的限制，自由快樂地生活、做事業、旅行、做公益……這樣做女人，真是

太棒了。我是一個享樂派的「女權分子」，這，也
要感謝小小年紀就遇到壞老師。

寫下你的感謝心情

第12條法則

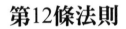

感謝一位貴人

表面上，我給他們意見，
其實他們的故事豐富了我的視野與心胸。

為了繼續創作，不得不租辦公室。感謝我的工作室房東，雖然有人要出比我高的房租、甚至要高價購買我已租了10多年的工作室，但是，房東還是願意讓我這個財力有限的小作家，能長期使用這間冬暖夏涼的小工作室。如果他為了比較高的房租而讓我無法繼續租用，將造成我極大的損失及困擾。能繼續出版，艱苦又能甘之如飴，要感謝有一個安定的創作空間。

為了能在溫泉區養生，我在三峽山上尋找了10多年，想要找一個安全的空間，讓我能靜靜地呼吸、泡澡、寫作、讀書、思考、睡覺……找了10多年，終於找到了。真的，我作夢也沒想過，這輩子可以住「三合院」及體驗「山居歲月」呢！房東是山上的老居民，我租到的小房間是三合院的一小間，有簡單衛浴，讓我非常滿意。我總是「見縫插針」，找到時間就上山，在沒有電視電話的干擾下，寫起稿來速度加倍，或是散步呼吸……我就是

億萬富翁也不過是要這樣生活而已。在山上，常常忘了吃飯，但是三合院的鄰居們會給我剛採下來的有機蔬菜，也會分享他們的飯菜……覺得我在這裡被供養！我的健康與長壽也得到了保障，真要感謝我山上的房東及鄰居們。

　　我也要感謝買我的書的人，感謝你們的支持，我才能堅持繼續做個作家。感謝一路支持我的讀者，當然也要感謝金石堂、誠品書局等大小書局，沒有你們就沒有我們的生存空間。感謝我的讀者，只因為在文字書裡寫出我的許多看法後，開始有人來問我問題。問問題的人，常讓我為他們離奇的遭遇感到佩服與訝異。表面上，我給他們意見，其實他們的故事豐富了我的視野與心胸。為了傳承，為了要讓我的作品都變成別人可以教的課程，我這麼孤僻的人竟然收起學生，開始培訓種子教師的工作，培訓過程深感「團隊」是一種奇妙的關係。人生如果只有婚姻親子關係，我要說，這樣的關係內

容，太乾了。

　　我的讀者們、學生們、團隊們都是我的老師。謝謝你們，請繼續提出各種問題及要求，請不要怕給我更多的壓力、批評、挑戰，當然也歡迎鼓勵，讓我們一起為了幸福奮鬥，讓我們一起活得越久、學得越多，活得越長命的同時，也感謝得越多。

　　感謝演講單位。43歲以前，我是不敢、不愛、不願講話的「沉默的羔羊」；43歲，在生了老二以後，在分享快樂的第一場演講之後，每天的電話有一半是演講的邀約。就這樣，無心插柳地，我做了講師。做了講師後，我才知道老師的偉大。僅以此書獻給天下老師！僅以此書感謝在我的一生中，以各種正面與負面的方式有教於我的老師們！跟對人就做對事，跟對老師就走對路！人生的一大幸福，就是有良師、益師、名師、明師……來做我們的明燈。我有幸有這麼多好老師來成就我，我也願意成為這樣的角色。要感謝數十年來持續邀請我演講的

單位及聽眾，若沒有演講檔，我一定會每天坐著不起來，只做一件我最愛做的事「寫作」，那麼，我一定會越來越胖、越來越老、越來越不健康。我的健康、美麗、長壽，都要感謝演講單位發通告給我。

當然也要感謝發我通告的電視節目，讓我暢所欲言，言人所不敢言，很過癮！請大家繼續照顧我，讓我繼續「發聲」，也讓我繼續在心中衷心感謝大家。房東、鄰居、讀者、聽眾、觀眾、書店、經銷商、電視臺……大家都是我的貴人。

寫下你的感謝心情

第13條法則

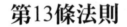

感謝一位大師

他由年輕時候就開始具體的感謝行動，
值得多少「為富卻不行善」的人來借鏡。

對於什麼潛能開發、潛意識的課程，我的接觸很少。因為我看到大部分的人生挑戰，用表意識，也就是思想、意志、判斷、抉擇就能解決。因此，當別人花數萬元去出國、去上潛能大師的課時，我從來都沒有心動過。

直到有一天，不惜高昂代價，上遍世界級大師課的朋友借我一本潛能大師「安東尼‧羅賓」的書，我就對潛能大師開始好奇及心動了。這是一本破破舊舊的書，而且是薄薄的一本，依照我的速讀速度，我準備把它翻翻就好。沒想到，我看到這樣的一段，講到這個故事：

從前，從前，在美國有一個貧困的小男孩，在感恩節的夜裡忍受著飢寒交迫，但突然有一個陌生人帶著裝滿火雞、甜薯及餅乾等感恩節食品的籃子前來敲門。他的母親離婚後再婚，繼父又失業，在感恩節的夜裡，家徒四壁卻還想顧面子，所以他們不肯接受這禮物，但那位無名人士明白他們的感

受，所以說：「我只負責把東西送到就對了！」然後把籃子硬塞給小男生，臨走時又說了一句：「感恩節快樂！」他快快離開這個家，不給他們拒絕的機會。

小男孩永遠記得這件事，因此，在他18歲時第一次打工，只賺到微薄的工資時，他就開始每年尋找有需要的家庭，假裝自己也是個送貨員，在感恩節時送出1份同樣的火雞大餐——他在感恩節一定要送出的具體愛心。

他，長大後成為億萬富翁，現在，每年感恩節，他都送出28000個以上的火雞大餐給有需要的家庭……

哇，這個舉世聞名的潛能開發大師，《喚醒心中的巨人》、《激發心靈潛力》等書的作者，無數知名人士，包括美國前總統柯林頓、暢銷書《心靈雞湯》作者馬克·韓森、《富爸爸，窮爸爸》的羅勃特·T·清崎……這些人的老師——「安東尼·

羅賓」！他的這個故事，深深震撼了我，他的感恩回饋行動，證實了意識力量的威力，也讓我感謝他的行為，他由年輕時候就開始具體的感謝行動，值得多少「為富卻不行善」的人來借鏡。

安東尼不只是潛能開發大師，他更是一個知恩圖報而且擴大報恩行動的人。善的循環是很有威力的，我不認識安東尼，也沒有上過他的課，但多年後，遠在美國的他深深地影響了在臺灣的我。

感謝安東尼‧羅賓給我們的啟示：把愛傳出去，回饋的行動不必等到非常富有的時候；好的啟發，有時出現一次是不夠的，要不斷地出現，直到你對它採取行動為止；每個人都有可布施的東西；要把「小愛」化為「大愛」；致富是為了「大愛」的行動而非圖利造福個人……

是的，他讓我想到，布施分三種：財物施，送的是財物；無畏施，送的是情感安慰；法施，送的是智慧觀念。我沒有能力及時間送前兩種，但我適

合送第三種，這就是我持續演講、會講到沒有人請我演講的那一天為止的原因。

感謝安東尼・羅賓，讓我成為終生快樂演講、寫書的小講師！因為我不等自己變成億萬富翁就要「把愛傳出去」。

寫下你的感謝心情

第14條法則

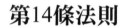

感謝一本書

如果生活讓你遍體是傷,但身體若還保有自由,
是否就沒有資格怨嘆、
就該憑藉自己的意志依舊奮力往前呢?

很少看小說的我，很幸運地，竟然有幸在書海裡看到了這本影響我一生的書：《一位陌生女子的來信》（*Letter from an Unknown Woman*）。這就是我為什麼經歷過初戀的考驗、總教官的「當頭棒喝」後，從此再也不會為愛癡狂！

在迷信的文化中，我很少算命。我也是經歷過懷春少女的人，我是一個正常的女人，但不會被浪漫愛迷昏了頭，不會在婚姻關係中困惑，很多人感到好奇，為什麼？很簡單，原因之一是，初戀事件讓總教官給我「當頭棒喝」後，我在很年輕的時候，很幸運地就看到了這本書——《一個陌生女子的來信》。

這本書的簡單情節是這樣的：「一個小女孩暗戀一個年長的風流作家，找到機會獻身後遠走他鄉，辛苦謀生，獨自把兒子養大，在一場瘟疫中，兒子已死，她也感染到了，也將病死。死前她寫了

這封『一個陌生女子的來信』給這個作家……」褚威格優美的文筆，刻劃出的曲折離奇情節讀來引人入勝，但是，我讀完，掩書長嘆：我感受到的不是浪漫而是愚蠢陷溺，我看到一個一廂情願、義無反顧而獻身的女孩，造就自己和兒子孤獨困頓又不真實的一生。她的單方面自主又執著的愛情，有人會譽為「偉大的愛情」，但我卻因為這個中篇小說及早明白，許多男女要歷經千瘡百孔、遍體鱗傷才領悟的道理：

「悲劇不是命運造成的，

悲劇是個性造成的！」

是個性決定一切！悲劇是如此，喜劇也是如此！多少男女以做菟絲花、纏郎烈女、癡情漢為職志，從來不是他／她的對象有多完美，只是自己作繭自縛、自己的個性決定要陷入情感牢籠而已。我從失怙及貧困的環境中成長，全無悲情，越挫越勇，就因為這本書中的這篇中篇小說的啟示。不為

男女情欲執著、不以男女及子女關係來決定自己的價值，這個觀念，讓我節省了許多時間及情緒。我能在創作上累積一些成績，也在生命時間中有大量的取悅自己的比例，都是要感謝褚威格！

　　感謝褚威格讓我知道，悲劇不是命運造成的，悲劇是個性造成的！所以早就覺悟，如果我想改變自己的命運，就要乖乖地改變自己的個性。要不斷地內修外行，命運才會更好！這個工作，一生都要進行。如果有些個性實在不能改、不想改，就要100%承受它所帶來的後果而不能有怨言。人生發生的一切都是自己的「訂單」，Everything is by our own orders！自己的個性就是一切的原因。我能脫離浪漫愛的迷思，就因為我知道「個性就是命運」。

　　此外，我也要感謝《潛水鐘與蝴蝶》這本書。2002年7月18日，我讀完了這本書——薄薄100多頁的《潛水鐘與蝴蝶》。這本書就此一直放在我的案

頭，因為它成為我在人生奮鬥旅程中的一個安全閥。這本書成為我的生命之書，只要讀到這本書的名字「潛水鐘與蝴蝶」，就有如醍醐灌頂，讓我在忙碌中清醒過來。

潛水鐘，指的是作者的身體，但他的靈魂仍自由得像個蝴蝶，在飛舞、在奔放！作者得了病而成了植物人，他的肉身有如已被囚禁在重達千斤的潛水鐘裡，被沒有鎖匙的鎖、被一個繭封住了！透過一個小窗口，作者看著自己像個寄居蟹，向著黑暗的深海下墜……因為，作者在突然間成了「急凍人」──因為腦幹中風而全身癱瘓，罹患了閉鎖症候群（Locked in syndrome）。

1996年的7月至8月，作者鮑比（Jean-Dominique Bauby）花了兩個月的時間，用一隻眼球「寫」下了〈開學了〉這篇文章，這篇文章就是這本書的最後一篇。而這篇文章的最後一段話是：「在宇宙中，是否有一把鑰匙可以解開我的潛水

鐘？有沒有一列沒有終點的地下鐵？哪一種強勢貨幣可以讓我買回自由？」記錄完這段話後，到了隔年的1997年3月7日，這本書的法文本出版了，但出書後兩天，他就離開這個世界，讓潛水鐘徹底沒入全黑了！

他說：「要是能把不斷流進我嘴巴裡的口水順利嚥下去，我就會是全世界最快樂的人。」他只要求一個小小的、甚至只是人類最基本的一個本能，而這個請求卻是如此奢侈。在此之前的他，是聞名全球、法國時尚雜誌ELLE的總編輯。1995年12月8日，他正值人生成就的高峰點，離了婚，有了新女友，去試一部德國新車後，計劃到前妻處接兒子度週末。但他心中有那麼一回兒這樣的思緒：我恨不得取消一切：看戲改期、去看提奧菲（兒子）改期、我只想把自己埋在被窩裡，吃一缽白乳酪，玩填字遊戲⋯⋯天哪！他不懂得這就是身體在跟他說話：它在他成功忙碌的行程以及各式各樣的欲望、

責任中，正在向他拉警報！

　　但他還是去了，就在兒子上車後沒多久，他突然昏迷，三週後才醒來。才44歲，他絕對不會想到，他得了腦幹中風，全身癱瘓、不能動不能說話，只剩下左眼眼簾一根肌肉還有作用。就在友人的協助下，他在對方指字母指對了時就眨動左眼，一個字母一個字母地雕刻成這本不同尋常的作品——一本由一個小視窗中絕望地回顧人生的回憶錄，也是一本告別世界的書。光是這一點，就讓我這個寫作苦行僧感動、激動不已！哪個作家願意寫這種書？哪個作家會想到，要躺著靠一個眼球和別人的幫助來完成簡單的寫稿動作？

　　我曾經認為自己不會用電腦、只能用手寫的創作之路太辛苦，但鮑比讓我明白：自己以及大部分的寫作者的幸運。你是否也和我一樣，想像這樣的潛水鐘生活情境是多麼地可怕？而腦幹中風的原因，沒有人給我們正確完整的理由，誰敢說這種事

不會發生在自己的身上？事情沒發生之前，每個人都覺得災難及重病都是別人的事。鮑比在書中提到，他93歲的父親獨居在公寓裡，連腳都站不穩，他，也是像繭般的活著。這一段，讓我想到卡夫卡的〈變形記〉那篇文章，生怕有一天，我會早上醒來時發現自己已成了動彈不得的蟲！感謝這本書提醒了我、貫徹了我萬事以健康為先的承諾。我們見過許多植物人的報導，但從來沒有人告訴我們那些人是否還在想？在想些什麼？鮑比告訴了我們。

在四川大地震之後，許多離婚者在瓦礫中找到了前妻前夫後，立即再辦結婚；在911事件中，每個在大樓或飛機上打電話的人，都是打給他所愛的人、都是在說最後的愛的語言——沒有一個是打給他以前所恨、所怪的人。鮑比在他生命的最後一刻，用力用眼所說的一切，把所有的誤解與過錯都輕描淡寫地化解與原諒了，人之將死、人面對夕陽，只會剩下感恩，不會再接納憤恨與悲傷。

鮑比活在潛水鐘裡，我呢？你呢？是否也有無形的、綁住了手腳的潛水鐘？如果生活讓你遍體是傷，但身體若還保有自由，是否就沒有資格怨嘆、就該憑藉自己的意志依舊奮力往前呢？因為，形體若還能像蝴蝶、還能飛，我們就該感恩而繼續奮鬥。每隔一段時間，當我又在工作中感到迷惘時，就會再次捧起這本書，認真地看這本書時，我的眼眶就會再度為鮑比濕潤。

　　感謝鮑比，他的故事，就是我寂寞地筆耕100多本、目標200本書卻毫無挫折感的原因。因為我每寫一個字都在感謝我還有機會寫作。感謝鮑比，他教我珍惜已有的感覺——不管好壞，有感覺就是幸運，從此任何感覺都讓我喜悅。感謝鮑比，他教我不斷地以負責任的心來再次愛上生命、尊重健康，不要揮霍健康，不可排斥情緒及感覺。感謝鮑比，他教我比以前更重視時間的品質。因此，我常常大聲問自己，也問我的學生：為什麼人總是要在

失去後，才會開始懂得熱愛生命、健康？並在每場演講中，對還在揮霍生命、為工作傷害健康、為小事生氣、長年打罵小孩、任性離婚的人敲警鐘——即使對方不領情也不感謝。

《潛水鐘與蝴蝶》一書，令同樣是從事編輯工作，也同樣當時年過四十的我毛骨悚然。它像是暮鼓晨鐘。另一位處境相同的病患，是法國阿奇得出版集團的經營管理處主任菲力浦・維岡，他發病時更年輕，在33歲時就倒下，僅剩兩眼可用，他在妻子史蒂芬妮堅貞愛情的支援下，藉著電腦與攝影機的輔助，花了兩年時間寫成「該死的沉默」一書（本國譯名為：我還活著——潛水鐘之愛）。和《潛水鐘與蝴蝶》一樣，這本書也暢銷全世界。更幸運的是，菲力浦至今還活著！他寫的書，令我感恩，雖然寫作之於我也是一件苦差事，但能用紙筆、電腦寫作，這是一件多麼幸福的事！我已坐六望七，竟然還有機會在文壇奮鬥？我是何等幸福！

感謝鮑比，他讓我選擇了這樣的生活態度：無論寫作多艱苦，能在這條路上繼續用手或用電腦寫作，就是一種幸福！我養成習慣，常常問我自己，我有每次下筆就感恩嗎？我寫的書只要有一個人買，就值得我繼續筆耕。

我感到，鮑比被禁錮的靈魂及對生命的渴望，在我的身上重生、延續……再見潛水鐘！讓我們做蝴蝶！感謝鮑比，願你在天上安息。

我忍不住要分享這些鮑比用「眼睛」寫給我們看的句子：

當事人總是最後才知道自己交上這樣的好運（鮑比是指他罹患了腦溢血，亦即閉鎖症候群）；救生醫療技術的進步，使得病人所受的刑罰更加精巧；真希望能再穿穿格子襯衫、舊長褲，和變形了的粗毛線衫（人的欲望是簡單的）；這張推床真是舒服得像伊斯蘭教苦行僧睡的釘床（在最痛苦的時候還能幽默）；我和老爸都患了「閉鎖症候群」，

各以各的方式處在閉鎖狀態，我在我的身體中，而他在他的三樓公寓裡（我一定不要做這樣的老人）；在我的夢裡，我多麼想逃走，但只要我一有機會逃，就會一步也動不了。我像石像、像木乃伊、像玻璃（人人都有過這種感覺）；我和自由之間如果只是隔著一扇門，我連打開這扇門的力氣都沒有；和需要呼吸一樣，我也一樣有感受，需要愛、需要讚賞（聽到了嗎？植物人的需求）；我看著他們兩個孩子，怎麼也看不厭，只要看他們走路，我就覺得滿足；在世界末日來臨之前，總會有個護士來的（好可怕，需要護士的人生）；她（克蘿德，幫他記文章的女士）把這些文章唸給我聽。有些部分我聽了很窩心，有些卻教人失望。這樣就能出一本書嗎？我瞥見了一把旅館的鑰匙，一張地下鐵車票，一張對折又對折的百元法郎鈔票，這些東西就好像是被送到地球來的太空探測器，以探究地球人目前的生活形態、運輸形態、交易形態。

鮑比最後一句內心獨白是：「他媽的，是一場夢。」如果是夢，就不該有痛。我永遠會記得的是：在宇宙中，是否有一把鑰匙可以解開我的潛水鐘？有沒有一列沒有終點的地下鐵？哪一種強勢貨幣可以讓我買回自由？

　　感謝鮑比的提醒……只知道追求金錢、整天關心幣值起落的人，你也聽到了嗎？

寫下你的感謝心情

第15條法則

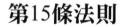

感謝金錢

在追求財富自主的過程中，我要隨時明白，
財富自主只是一個數字上的運作及累積，
最好的財富規劃只是讓有生之日，有錢可花。

溫世仁留下了「千鄉萬才」的計劃讓人遺憾，但他確實留了一半的財產給國家，100多億的財產，半數繳給了預算龐大的政府。我不能諒解溫先生的是：他這麼有錢，這些錢拿起來用在推動公益，是多麼地好用，可他竟然沒有找稅務專家預先做好財產分配及遺產規劃？一半的財產給了國庫，但國家能把這一大筆錢花在最好的地方嗎？我們不免會擔心，有可能會用在養蚊子上嗎？這是當年的大新聞，財產這麼高的人竟沒有專人幫他預先做好規劃，以至於成為遺產給政府最高的第一人。我不免這麼想：如果他撥一點零頭，比如幾億給基金會或執行團隊幫他執行「千鄉萬才」，是否他的心願就能更快達成呢？

財產規劃，原本是有錢人的事，與我們無關，但溫世仁身後之事讓我改觀：錢再多若沒有規劃，也會變沒有。而我們的錢雖然很小，但不規劃也會有這種結果：辛苦賺來省下的錢，一不小心就會給

了不相干、甚至是我們討厭的人。

開始研究資產管理後，立即明白這是非常嚴肅的課題。離婚婦女突然死亡，結果財產跟著未成年的子女又回到她最痛恨的前夫及狐狸精手上；車禍意外過世的夫妻，讓公司工廠被不肖的長子繼承而在三年後就敗光，而孝順他的女兒什麼也沒得到。喔，窮人就是不學賺錢理財，所以一世窮；富人若不管好財產，也會造成損失。

為此，我學習如何培訓種子教師，想把我的課程複製成可以擴散的、有SOP流程的教材，我也設計出好玩的「富家庭A計劃遊戲」，它會是另一個有效工具：教富媽媽富爸爸教出富小孩！這也是一種「千家萬財」！

我不能諒解溫先生沒把錢留在刀口上，讓需要的人得到，所以，也不能原諒自己，沒有規劃我的知識經濟及個人小小的財務。所以，2004年開始，我也成為研究「孔方兄」的門徒。

理財的重要，誰不知道？但你一定也聽說過，很多人就是找理財師，結果是賠了錢但理財師賺手續費一毛也不少。我也接觸過一些打著領帶、穿著西裝的理財專家，包括常上電視的名嘴，因為上電視而有所認識……但，他讓我沒有安全感。前半生沒有理財，把這怪到理財師沒讓我有安全感，這樣說很不公平，真正的原因，是我嚴重錯誤的金錢觀！

總之，我不理財，財不理我，很公平。直到我感到危機時，真的是太晚了。認識了理財專員李秋蓮後，她平易近人像個鄰居太太的風格，讓我終於把自己羞於見人的、跟著現實生活的動線而完全沒有規劃、沒有動靜的可恥財務表給她評估。

她教我知道「歸零膏」的不可取，我覺悟到「土石流」的可怕。她告訴我她要打造500個富媽媽，我因此明白，我也該告訴天下父母，理財教育比文憑重要！她說：「別把投資當理財。」她壓著

我的急性，為我做了雖然慢但安全的規劃……我的起步太晚，因為太驕傲太聰明，我希望還來得及——在李秋蓮的協助下。

　　感謝李秋蓮及早讓我覺悟，原來我的前半生都在吃歸零膏，讓我及早跳出這個可怕的輪迴。感謝她讓我終於覺悟，前半生做了許多枉然的事，說了許多沒用的話，浪費了許多時間經營沒有好結果的關係及事業！我再也不要繼續做會沒完沒了還可能得不到感謝的事了。真的，一個好的理財師，有時比老闆、員工、配偶、子女、美容師更重要，我敢這麼說、我願這麼說。我慶幸我終於不鐵齒，我希望天下人都可以像我一樣，有個亦師亦友的理財顧問師。

　　談到理財，讓我想到一個故事：亞歷山大大帝的一生，有著輝煌的成就。他富可敵國，智慧也高人一等。在他東征西討的過程中，有一天，他終於說：「我累了，我們回家吧！」意志力的崩潰讓他

在路上就生病了，他這才明白，所有占領的土地、精練的戰士、鋒利的刀劍、滿庫房的金銀珠寶都是空的、都是沒有意義的！當他了解到死神已在召喚他，他可能無法回到家，極可能會死在路上時，他留下了三個遺願要含淚的將士們答應他切實執行。

第一個遺願是：他的棺木必須由他的醫生們搬運回去——他要國人看到，醫生也許能治療疾病，但並不能對抗死亡。

第二個遺願是：當他的棺木運往墓地時，要把他的金銀珠寶撒在路邊——目的是要人們看到，他花了一生的時間追求到了這些珠寶，但忙得沒有時間去享用它們。

第三個遺願是：要把他的棺木鑿兩個洞，讓兩隻手穿過這兩個洞而放在棺材外面——目的是向世人展示：我是空著手來到這個世界的，努力一生後，我離開這世界時，兩隻手還是空的！

亞歷山大交代完這三個遺願後，就閉上眼睛，

停止了呼吸，給這個世界留下了最後的三個智慧。亞歷山大的一生做了許多精采的事，但他留給我們最精采的課程，就是他臨終要求的：棺木兩旁伸出的兩隻空手！在著作100本後，因為發現整個社會「理財教育」的缺失而造成很多悲劇，所以我研發了「富家庭A計劃遊戲」，想要提醒大家理財的重要。同時自己也及時學習各種可以讓自己「財富自主」的本領。但是，亞歷山大的這個故事，讓我時時提醒自己：在追求財富自主的過程中，我要隨時明白，財富自主只是一個數字上的運作及累積，最好的財富規劃只是讓有生之日，有錢可花──而且最好是自己用完。用不完的要安排好，讓金錢在世界上發揮最好的效果。

　　兩隻空手提醒我們：最好的理財計劃，不是讓賺錢之事占據所有的時間、否定所有原則。因為，賺得全世界後若沒有健康及時間，就會像世界設計大師皮爾‧卡登的自我形容一樣：「活在黃金打造

的監獄」中，這等於是把金銀珠寶撒在路邊。近日和我的理財顧問師李秋蓮在她的鄉間木屋裡討論退休規劃時，談到多少人是：「人在天堂，錢在銀行」時，是在「國家的銀行」，辛苦賺錢，最後，是讓不知是誰的人得到好處，那就苦得太沒必要了。

這就是我為什麼堅持要常做我愛做的事！即使我是億萬富翁，我也只是愛做這些事而已：每隔三天就一定要到樹下坐著喝個果汁喝個水、每個星期至少泡個溫泉、想辦法每天有時間做個瑜伽或練個呼吸、週末沒有目的地去逛各種展覽……我最近還幫溫泉會館設計適合泡湯後享用，不會大魚大肉把泡湯效果破功的「彩虹慢食食譜」。我這麼堅持在夾縫中也要休閒，見縫插針地安排時間，就因為，富貴不是如浮雲，它真的需要你認真追求並規劃，但在此同時，我們也要現在就享受人生！

我真的很感謝我有財可理，有錢可花，感謝金錢讓我可以享受人生，做更多有意義的事情！

寫下你的感謝心情

第16條法則

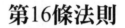

感謝交通

我是多麼地感謝捷運局，每天的生活精采、
便利及便宜，都靠捷運局的管理及規劃。

我的好日子，自從捷運開通，就擴展得更多、更遠、更精采，因為只要有捷運可到，再遠的地方都不遠了。以前，去一個地方，坐公車很慢，我捨不得花時間，而坐計程車又很貴，我捨不得花錢。現在，捷運讓我輕鬆南征北討，到淡水可以逛海邊，到北投可以泡硫磺泉，到永寧可以坐接駁專車到三峽大板根溫泉會館，到南勢角可以逛夜市，到木柵、動物園一票搞定。

　　我是多麼地感謝捷運局，每天的生活精采、便利及便宜，都靠捷運局的管理及規劃。我每天會坐捷運好幾次，每次在乾淨又清爽的捷運樓梯間上下，我會在心中感謝清潔人員；每次在不髒不亂沒紙屑的候車月臺上，我會在心中感謝管理的落實；每次使用廁所而沒有聞到臭味時，每次都要把握機會親自感謝清潔工（他們常常都在現場）；每次快速到達我要去的地方，看到車長走出駕駛車廂，我就會在心中感謝他的耐心，因為對我而言我即將到

一個新的地方，而他卻是全天在車廂中操作著同樣的動作，走著同樣的路線。我感謝捷運，我希望大家要和我一樣，要多多感謝他們，每次坐捷運、火車、飛機，都感謝讓交通順暢的服務者。

雖然捷運在下手扶梯之處沒有清楚標示左右兩邊前行方向及箭頭；雖然在下車時沒有夠大的垂立標示第幾號出口，但這都是小細節，我還是非常感謝捷運99%的完美規劃。

在此請大家不要對捷運局那麼嚴格，下雨、打雷加上人為的因素，難免會有捷運出狀況、停駛故障的時候，千萬不要一有小事故就大肆批評。就像人會感冒一樣，捷運也會有狀況，但它正常營運的比例是高達99%的。不必因為交通費及時間的考慮而「宅」在家裡，只要捷運地鐵能到之處，再遠也不遠！感謝捷運公司讓我天天快樂旅行。

同樣地，被罵到臭頭的高鐵公司，也是我要

鄭重感謝的對象。以前到中南部演講，路上的時間加起來是演講時間的二倍到四倍，因此總會猶豫而不想接。同樣地，要到中南部旅遊，也會考慮到：玩得再高興，但是回程的時間那麼長，或是遇到塞車，還會意興闌珊呢！

但是，有了高鐵就不一樣了。一上車，用筆電打了一篇文章，怎麼就到了臺中？才看了幾頁書，怎麼就到高雄了？太方便了。有自由座，有折扣票，有好文章可看，又有精緻的餐盒可買⋯⋯雖然經濟座有「座位少了可靠腳的踏板」的小小缺點，但我99%的感謝高鐵，它改變了我工作旅行的時間結構，大家都要掌聲感謝。感謝喔，高鐵公司為我們創造一日生活圈。

當然，在感謝捷運、高鐵的同時，我們要感謝了發明巴士、火車、飛機的人，以及為我們開車、開火車、開飛機的人，在此無法全都列了出來，不

然，這本書就得——感謝電纜車、三輪車、拉桿箱以及發明冰箱、瓦斯爐、果汁機等東西的人而篇輻過多了。

寫下你的感謝心情

....

....

....

....

....

....

....

....

....

....

....

第17條法則

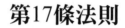

感謝科技

人類的溝通行為，跨了驚人的一大步！
一臺小小的電腦，可讓全球任何人都能
透過一個程式瀏覽他想要的資料！

溫世仁「幫助」我不再逃避學電腦這件事。我可以舉出100個電腦、網路的缺點，但當我明白把自己的創見傳承於世是我的責任時，我就知道，一定要把自己的觀念送入電腦網路，一定要借重e化，害怕機器的我，必須學電腦。

溫世仁逼我在2004年的春節，硬著頭皮買了一臺筆記型電腦回家，趁著長假苦背「無蝦米」輸入法，有如過河卒子般決定，再怎麼抗拒也要進入e化的世界。老來學唱戲，學組織、行銷、網路……累得要命；其實內在深處，我很害怕，因為我一生都是獨行俠，不喜歡做組織及帶團隊。我還天生有個絕技——忘性超好，記性超爛！我總是記不住別人的名字，因此常得罪人。好幾次，後悔快60歲的人竟敢妄想追上時代，因為舊世代腦袋的我，學電腦只能用這四個字形容——「女神卡卡」——時時感到卡住而非常困惑與沮喪。

感謝溫世仁給我的危機感，終於硬著頭皮把

基本的電腦文字處理學會了。目標清楚：我不是要成為電腦高手，只是要把所有作品e化，且聚焦集中時間，埋頭苦幹把所有的文字書都變成電子書，我目前已是電子書最多的作家。在紙本書電子書化後，我還要在變得太老太醜之前，趕快把作品錄製成影音作品。做這些事情我很害怕也很累，因此我常在演講時說：「如果不是因為溫世仁，我不會活得那麼辛苦！」但說完後我會看著上方天空說：「謝謝你，溫老師！」

進入電腦世界後，我慶幸：還好我進來了！現在的我，清楚看到溫世仁看到的——要用工具及方法幫助人，徒有愛心是不夠的。我明白了，電腦和網路，根本就是上帝送給女人和窮人的禮物，我們怎可拒絕如此好的禮物？現在的我，更具體地要執行這個角色：我要成為引導LKK、女人、資訊恐懼者進入電腦世界的帶路人。電腦網路太好玩、太神奇！我要勸婆婆媽媽e起來！套一句我在電視購物

上推薦「幸福101複合酵素」的口號：「60歲的陳艾妮能！你也能！」真的，別再抗拒e化了。

感謝溫世仁，讓我不再抗拒潮流，跟上時代，只求及時盡快，不再有太多想法。只要聽到新的機型，ipad？iphone4？二話不說就買，因為抗拒潮流是沒意義的。即使事業渺小，也要善用科技傳承自己的智慧。

我本是拒絕用手機的人，但是別人用手機打給我的市話時，不就等於我也在用手機嗎？用手機，在旅行中也能辦公事；用手機，在會合時能夠找到對方而不會一頭霧水……還是用它吧！用了它之後，就和其他科技用品一樣，不用時百般抗拒，用了之後就後悔沒有及早用，手機也是一樣。

因此也要感謝一下所有成就了手機的人。這要從通信說起：

通信技術的開始，較早的紀錄是1844年的5月24日，在華盛頓和巴爾的摩兩地之間，在一條電報

線路上，以非常簡單的摩斯電碼傳送了第一個公開資訊。接下來，鈴聲（Bell）響起！決定了電話問世的是貝爾家族。他們原先只是想利用電力產生不同音調的原理來幫助失聰的人，結果貝爾了解且連結「電」和「聲音」之間的關係，這就是今日錄音和無線電業的基礎。1876年6月，貝爾電話機參加為紀念美國建國100週年而舉行的費城博覽會，贏得大眾的驚嘆，也贏得發明金牌獎。接下來，電話逐步發展成貴族才能擁有的奢侈品，成為人類社會士農工商平民百姓家家必備的用品。在1878年，也就是126年後，呼叫器（BB Call）出現了。但是，呼叫器之後才5年，就出現了手機，發明的腳步，嚇死人地越來越快，呼叫器功成身退，它不是「漸漸失去市場」，而是立即就被行動電話取代了。這回，只差5年！摩托羅拉（Motorola）系統部總經理庫珀（Martin Cooper）——就是行動電話的發明人——在1975年的4月3日，他把首支行動電話投入

市場。全世界第一隻手機重達30盎司，體積為長10吋、寬1.5吋、厚3英寸。經過這些年，手機已成為人們的生活必需品。趨勢是不可擋的，只有接受，沒有第二個選擇！現在，連家庭主婦、小學生、老先生、農夫……都人手一機。手機越來越小、越來越精美、越來越輕、越來越薄，現年高壽的庫珀一定很訝異這種結果。手機在當時，是革命性的東西，但即使是他，也沒有預知到，他的發明竟是全人類的用品。

吃果子要拜樹頭，後人乘涼時，要感念前人的貢獻。也許有一天，人類可以對著自己的手就能講電話，那麼，這裡提到的這些讓後人覺得是老掉牙的、不足為奇的資訊，就算是「史蹟」了。史蹟，總是值得「存檔」的。正如同我們不知誰發明「輪子」一樣，不知原創者是誰，也算是一種遺憾吧！我知道我們的孩子認為打手機是理所當然的事，但不知其過程是艱辛的，在此讓我做個紀錄，好讓大

家都明白：「溝通無障礙，要吵架也方便」的這種方便，得感謝以上的發明家。感謝這些聰明的人，讓我們有手機可用！

原本我也是抗拒電腦的，但覺悟後也是一樣：後悔沒有早點用電腦。「第八波行銷」世紀中，網路、雲端成為最大的商機所在。受惠於此的我們，就應該了解「第八波」最關鍵的一些背景資料——電信、電話、手機、電腦、網路的起源及未來，因為，這些「突然」出現的東西，並不是由天上掉下來的「外太空禮物」，它們是無數的聰明頭腦累積的創作。

今日電腦的最早起源，是1944年由哈佛大學與IBM公司合作發展出來的馬克一號（Mark I），當時它是以繼電器為主要元件，在電腦真的大量普及於生活中之前期，我們叫它為「計算機」的機率還比較高。接下來，電子數值積分計算機（ENIAC）的發明，使電腦正式進入發展階段。ENIAC是美

110

台北市基隆路一段178號10樓

聯合文學 出版社股份有限公司　收

您是聯合文學雜誌：□訂戶　□曾是訂戶　□零購讀者　□非訂戶也不曾是零購讀者

您願意聯合文學同仁和您聯繫，向您介紹聯文的雜誌和叢書嗎？　□願意　□不願意

姓名：

地址：□□□

電話：（日）　　　　　　　（夜）　　　　　　　（手機）

學歷：　　　　　在學：　　　　　職業：　　　　　職位：

生日：　年　月　日　　性別：□男　□女

E-Mail

1. 您買的這本書名是：_____

2. 購買原因：_____

3. 購買日期：_____年_____月_____日

4. 您得知本書的方法？

　　□_____報紙／雜誌報導　□報紙廣告書評　□聯合文學雜誌

　　□_____電台／電視介紹　□親友介紹　　　□逛書店

　　□_____網站　□讀書會／演講　□傳單、DM　□其他

5. 購買本書的方式？

　　□_____市（縣）_____書店　□劃撥　□書展／活動

　　□_____網站線上購物　□其他_____

6. 對於本書的意見？（請填代號1.滿意 2.尚可 3.再改進，請提供建議）

　　書名_____內容_____封面_____編排_____綜合或其他建議_____

　　_____

7. 您希望我們出版？

　　_____作者或 _____類的書

8. 您對本社叢書

　　□經常購買　□視作者或主題選購　□初次購買

國賓州大學領導發展出來的，以真空管為主要元件，是世界上第一部電子數位電腦，具有20個儲存紀錄器及程式記憶單元。每秒可完成5,000個加法運算，是當時最快的計算機，共用了18,000個真空管，體積龐大，長達30公尺，高達3公尺，寬達10公尺，重量超過30公噸。

沒想到，如今的電腦，重不到1公斤，它的變身速度真是「高速」！這就是數位時代的速度。然而，電腦是一盞燈，還要有電力，成為它的光，而網路的出現，讓電腦出現宇宙超級強烈的世紀光！它的亮度，讓沒有準備好的人在一剎那間形同目盲。

www是什麼？也許你不需要解釋，也不想知道它代表了什麼。e世代的人，從生下來就活在全球資訊網裡，所以認為理所當然而不會覺得有什麼了不起。「要讓孩子贏在起跑點上」的父母，很早就培育下一代進入e世界，從幼稚園、小學開始就

讓孩子學習有關的電腦技能，青少年繪圖、上網、寫程式做網頁，都已成為必備的條件。所以，他們不會去想，到底是誰為我們開啟這些新的窗子，改變世界的那一天是從什麼時候開始的。

但受惠於www的我們應該要知道，創造www——網路的人，是改寫全人類歷史的人。他是一個年輕人，時間、地點、人物如下：1980年，英國一位年輕人提姆‧柏納李剛由牛津大學畢業，隨即進入歐洲的高能物理研究中心（CERN）擔任軟體諮詢工程師，而且還是臨時雇員而已。他在工作中寫了一個軟體「Enquire」，這個軟體的目的，是用來幫助研究中心的所有同事能有效地互相聯絡，把日常工作及每個人所負責的工作串聯起來並能維持進度。在CERN這個資源豐富、集結了世界各國精英分子的國際性實驗機構裡，他與來自世界各地的研究人員共處而受到啟發及激勵，因此他要創造一個透過「網子NET」的夢想越來越成形，很快地，

他想到：「如果可以讓我的辦公室所有人都能『連線』在一個『網』裡，為什麼不能讓每個地方、每個人的電腦都能連結起來？」這個構想，就是一個「全球性的資訊網Internet」的濫觴。

　　1990年可說是網路元年。經歷了10年的摸索研發，1990年，提姆‧柏納李完成了超文件傳輸通訊協定（HTTP），他成功地讓電腦利用HTTP在Internet上傳輸「超連結文件」。此外，他為這些文件在Internet上的位址做了設計，他稱這個位址為URI（Universal resource identifier），這就是目前我們所熟知的URL（Uniform resourcelocator）。由小小的net，變成大大的web，在1990年末，提姆‧柏納李完成了類似瀏覽器的程式，並取名為world wide web，也就是我們天天用到的www，從此，人類的溝通行為，跨了驚人的一大步！一臺小小的電腦，可讓全球任何人都能透過一個程式瀏覽他想要的資料！1990年，距今不久的那一年，人類的社

會、關係、商業……所有一切，都被「網」在一起了。人類的命運，進入「知識與通訊」時代。

　　網路，是個日益變大變強的巨獸，現在，買機票、查資料、參加拍賣、買電子書、上課程、聽音樂、下載電影……我們很難想像，若是現在仍身處在一個沒有網路www的世代會是如何？基本的生活還會停留在19、20世紀的水準？世界的發展將如舊？21世紀成為資訊時代，全拜電腦及網路。21世紀的初期，也就是現在，也就是第八波──電腦與網路無所不在，又結合另一個本來就根基深厚的「通訊」！這些工具一結合，就成了日益變大變強的巨獸。通過網路在電腦上，可以通訊、通話，我們幾乎可以做所有的事！對LKK世代的人而言，這都是不可思議的，對e世代的人來說卻覺得「這是理所當然」的。現在，下一波的知識經濟即將以爆發的速度襲捲來震撼所有的人──不管你是否有用電腦或上網，每個人的生活都被影響到了。我，也

被影響到了，因此我要感謝「提姆‧柏納李」，他幫我們實現了「千里眼順風耳」的神話。

　　傳統的學生，每天都得上學去，因為去學校學習才可以填滿大腦的資料庫，儲備更多資訊，為將來步入社會工作做好準備。但現在，坐在家中就可以接收豐富的資訊與知識，且所有的資訊都以飛快的速度一倍一倍地翻長！這一切變化，都因為「網路」的出現。多餘的校園將被荒棄，更多的人「宅」在家裡生活、學習、成長、消費、享樂、創業、結婚、生子……越來越多的人，想要在網路裡開拓屬於自己的版圖，那麼，想要吸收新的知識與掌握新趨勢，網路就是必備的工具。只有不斷地力求改進，與光速同步學習，才能更快速、更有效率地達成目標。

　　通訊與網路結合，讓我進入雲端生活，這是無數智慧的發明家及企業家的努力結晶。拒絕不如接受，抗拒不如加入。在此感謝以上這些發明人，把

我們帶到這樣神奇的世界。

　　我不知誰是筆記型電腦發明人，但我感謝筆記型電腦發明人。因為在抗拒電腦的過程當中，有一個很大的因素就是：我拒絕守在桌上型電腦之前。辛苦了一輩子，最想要的就是「自由」！看書寫稿，可以在山上、在水邊、在火車、飛機上、在咖啡廳，但要固定在桌上型電腦前，我不就又被綁住了嗎？但是很快地，筆記型電腦出來了，它讓我如魚得水，它讓我再次深深地後悔為什麼沒有早點e化！

　　現在，我和我的筆電成了連體嬰。我愛我的電腦，不可一日、一時無此君！我不買名牌服裝與包包，最愛買的就是最新型的筆電。我要感謝發明筆記電腦的人，感謝製作越來越輕巧機型的公司，讓我可以帶著筆電且兼顧工作與休閒，可以一面遊山玩水，一面找空檔抓住靈感、傳達訊息。現在，網路就是我的發聲筒。網路線不通時，業務就停止進

行，不可思議啊！過去那些年我是如何活過來的？

　　現在我明白為什麼e世代的人讓老婆變成「電腦寡婦」，為什麼學生們上網讓父母著急……因為，電腦世界實在是太好玩、太迷人、太豐富，也太刺激了。在電腦螢幕上，有著「我的電腦」的按鈕，點了它，就為你打開一個世界，而且是全世界、古世界、新世界、等著你來創造的未知世界。這個世界裡有你想保存的、你想尋找的、你想與人分享的、你將要開創的……人類怎麼會發明這樣的東西？如果我沒進入電腦網路世界，天啊，我根本不明白這個世界的真相，也不知道許多人在過著我無法想像的好生活。

　　這本書，是一本感謝狀全集。我每天都在感謝有人發明NB，感謝無數人發明的軟體、方程式、通訊系統，感謝教我網路系統的老師們。有了好工具及軟體，人生就更幸福，真感謝！從討厭科技到愛「電腦」愛到不可一日無此君。感謝筆記型電腦

發明人助我「行動辦公室」，我不要再「宅」在房子裡，我要帶著筆記型電腦一面工作一面旅行，再活100年！

寫下你的感謝心情

第18條法則

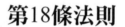

感謝行銷

所有的都是成本，
只有行銷是利潤！

美國的喬‧吉拉德（Joe Girard），是個來自貧民窟的口吃小孩，但是，靠著不懈的努力，他創下多項世界紀錄，他是不可思議的汽車銷售員。翻開金氏世界紀錄的「最偉大銷售員」紀錄：這個來自美國密西根州底特律市的喬‧吉拉德，曾經一年賣出1425輛車，每月平均174輛，每日平均6輛車，他一生的總銷售量是13001輛。也就是說，他是單日、單月、單年度、銷售總量的紀錄保持者，而且自1978年1月他宣布退休後，他的紀錄，至今仍未被任何人打破！因為這項傳奇，2001年，喬‧吉拉德躋身「汽車名人堂」，成為汽車界的最高榮譽保持者。

他是如何成就的？喬‧吉拉德坦言：「因為沒有地方可去了，只好向上！」原來，他在35歲時走投無路，只好進入賣車子這一行。不過他從小就展現出銷售員的天分，在進行銷售時，他天生骨子裡最原始的不放棄精神得到發揮，他發現銷售行動是

一種樂趣，而且只要和越多人談話，他的推銷成績就越好。越是困境，越是激發出他靈魂裡很深的不放棄的熱情。只要是談銷售，他心中就燃起熊熊烈火。

在世界各國巡迴演講、退而不休進行激勵及推廣工作時，他說：「通往成功沒有電梯，想要成功，就只能一步一步地往上爬！」他是如何往上爬的？我非常震撼地發現，原來，他的成功，只是傳統的基本功：他很有耐性，每月寄出16000封上面寫著「我喜歡你──I Like You」的卡片，一年12個月不間斷，也就是，你的名字或名片被他取得後，你1年就會有12次機會收到他的卡片。

在他那個年代，沒有e-mail、沒有簡訊、沒有傳真，要寄卡片的話，要買卡片、要手寫文字地址、要付郵費……任何做過DM行銷的人就知道，這是多麼大的投資、多麼長的付出。但是，他鍥而不捨，「我的名字『喬‧吉拉德』一年出現在你家

12次！所以，當你想要買車時，自然就會馬上想到我！」他的理論很簡單，銷售員一定要讓全世界的人都知道「你在賣什麼」！而且在要買的時候，只會想起你的名字，就這麼簡單。

所有的都是成本，只有行銷是利潤！這是我在努力創作多年後才明白的道理，會做產品的人到處都是，如果不會銷售，一切都是空。所以，只恨當初以身在文壇為己任，沒有在「商業界」取經，不過，即使是宗教界、思想界也要會行銷，才能存活。所以喬‧吉拉德說：「不要在乎什麼頭銜，那是沒有意義的。」他的意思是，要努力讓你的職業為你帶來金錢和情緒上的滿足，要成功、要贏。他練就了腳踏實地持續宣傳的功夫，然後，水到渠成之日到來時，每日的業務就如洪水般擋都擋不住，而且只會增加不會減少。

1978年的1月1日，喬‧吉拉德急流湧退了，他由銷售第一線轉到從事教育訓練、分享他行銷成

功經驗的工作。退休後數十年間，每天依然行程滿檔，又是出書，又是應邀到世界各地演講自己的人生經驗與推銷祕訣，讓他成為銷售界的活教材。

為什麼我要感謝他？因為，每當在記錄聽眾留給我的名單而覺得煩時，在遇到挫折、感到成功無望、對自己的抉擇感到懷疑時，當「國父革命11次才成功」、「愛迪生1600次才發現燈泡絲材料」、「7-11花了6年才賺錢」、「肯德基炸雞、迪斯尼樂園在起步時都被拒絕上百次」的老故事，都對我效果疲乏時，我就會想到喬‧吉拉德這位老先生。如果當年他可以手工寄卡片，一年高達19200萬張卡片，每個月16000張，如果活在e化時代的我沒有為自己的產品發出同樣多的訊息，我有什麼資格談成功？喬‧吉拉德示範的行銷戰，就是簡單的事情重複做、大量做，持續不懈、不求回報地做。

是的，我雖不想成為世界銷售冠軍，但我想完成我的夢想。別人在你成功時看你吃香喝辣，但成

功之前的披荊斬棘，冷暖自知，自己要做好心理準備：想要「實現理想」，本來就該「做牛做馬」。嫌廚房熱，就不要選擇廚房的工作。

　　別羨慕喬‧吉拉德，要明白是自己的努力還不夠，我的成功當然還沒出現。退而不休，一頭白髮而依然面色紅潤，這也是我渴望的生活，希望我能學會這種本領。謝謝喬‧吉拉德的示範，我不一定會更努力，但一定要更有耐心，更有「當行便行、盡其在我、行過便休」的毅力。

　　感謝喬‧吉拉德，他讓我明白：失敗的原因不是事情不對、產品不對，而是貫徹得不夠，是沒有持續做行銷。很多人放棄時，常不知道離成功只差一點點，我懂得「功不唐捐」、「為者常成」，但清楚成功沒那麼簡單、成功的成本是很高的，但退而不休，還依然身強體壯，這是做得到的。

寫下你的感謝心情

第19條法則

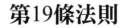

感謝寵物

感謝我家的寵物讓我注意到流浪貓狗的問題，
我們要重視動物也有好好生存的權利。

我家有四隻幸福的寵物貓：白色的咪咪牛奶、咖啡色的咖啡、黑色的Happy、灰色的Birthday！全家讓牠們到處跑，沙發椅子被抓得爛爛的也拿牠們莫可奈何，還買了寵物店專用的烘貓器定期在家洗澡。

養貓的起源是女兒吵著要養貓，養了一隻變二隻，二隻變四隻，四隻貓的照顧最後落在老爸和哥哥的身上。我家的四隻貓很好命，牠們什麼也不用做，2/3的時間都在睡覺，吃喝都由主人負責，連拉撒後的貓砂也由兒子女兒處理，靠在你身邊時還得摸牠、取悅牠，牠們真是好命。我為什麼也要感謝牠們？因為忙了一天後回到家，看到牠們的生活模式常提醒我：人類的生活太辛苦了，看看貓咪睡覺的樣子，過日子的模樣，我下定決心，要努力達到這個目標：讓我生活得像隻貓吧！或，下輩子投胎做一隻貓。

但並非每隻寵物都像我家寵物那麼好命，許

多被養了又被拋棄的寵物是很可憐的。人類就是這樣，製造了人的問題，也製造了貓狗的問題。我家有四隻貓，已經是個負擔，所以見到流浪貓狗時，心中就很急，心有餘力不足，誰來救牠們呢？撲殺的新聞讓我們感到慘不忍睹，怎樣才能杜絕問題呢？

常在廣播節目中聽到愛貓愛狗人士的呼籲，卻沒有機會親自認識到這方面的人，直到認識了三景建設的李盈總經理。聽到她從小救助貓狗、協助牠們臨終的故事，感謝她臨危不亂，總是及時搶救她遇到的每一隻受難貓狗。她有一個目標：為徹底解決流浪貓狗被撲殺的悲劇，她要捐助四臺行動貓狗結紮車，盼能早早終止不人道的捕殺行動。謝謝天下民胞物與，愛人之餘也愛動物的善心人士，我代表那些不會說話的動物，向你們說：「3Q very much。」感謝我家的寵物讓我注意到流浪貓狗的問題，我們要重視動物也有好好生存的權利。

寫下你的感謝心情

第20條法則

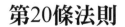

感謝有機農業

用有機換無毒，
用有機來得到生機。

不懂的時候就會亂吃亂喝，懂了養生排毒及食物問題後，就知道有機食物是自然健康的王道。但，農藥用量全世界第一的臺灣，要找有機，何其難？感謝已有許多有機農業的農夫們投入生產，雖然貴了些，但至少讓我們有機會買到健康的食物。

臺灣也是世界上經營有機小商店最成功、最普遍的一個國家，在美國是巨型的大超市，背後是強大的經營體，國內沒有這麼大的規模，卻有最多元的系統。我感謝綠色小鎮經營系統圓了我由2004年來就想要圓的夢：開一間在我辦公室附近的有機店。這個夢想在我持續向宇宙下訂單的2010年完成，我在忠孝東路四段216巷11弄6號的綠色小鎮臺北東區旗鑑店已經開張了。以後，我在自己投資的店買我要吃的東西，省了我許多時間，也造福附近的鄰居。我每天打精力湯、每天用有機牛奶製作真正的優酪乳，每喝一口都在感謝有機農業的生產者

及經營者。用有機換無毒，用有機來得到生機，真感謝。感謝綠色小鎮的方法，就是鼓勵同好們加入分店的經營，經我一號召，淡水、鶯歌與三峽也將有有機食品可買了哦！

　　臺灣農業的困境，需要更多人來解決。在我開了第一家綠色小鎮的同時，也要請大家支持我的偶像：白米炸彈客楊儒門，他為了推廣有機農家，呼籲大家重視稻米生產危機，我們也要感謝他。

寫下你的感謝心情

第21條法則

感謝公益活動

讓〈把愛找回來〉這首歌提醒你，
今天、現在，就把生命的熱情找回來，
而且，還要把它傳出去。

1988

1988 年，我們完成了一個公益活動：「把愛找回來」！這是全國最長壽、最成功的公益活動。猶記當年這個活動的贊助者、當時只有300家分店的「7-11便利超商」慷慨地贊助了800多萬元，把這麼大的經費交給製作團隊，讓我們完成了〈把愛找回來〉的歌曲製作及「回家專線」，至今，7-11每年還固定舉辦「把愛找回來」的捐贈活動，這讓我倍感榮耀——因為在這塊土地上，我們留下了具體的貢獻。

感謝7-11辦這個活動、感謝「把愛找回來」全體做義工的藝人。如果你在生活壓力之下感到沮喪、灰心，讓〈把愛找回來〉這首歌提醒你，今天、現在，就把生命的熱情找回來，而且，還要把它傳出去。

〈把愛找回來〉

作詞：陳家麗　作曲：翁孝良　編曲：塗惠源

（葉　歡）輕輕撥開灰暗的塵埃

（于台煙）不要讓希望在風中繼續搖擺

（藍心湄）沒有一種呼喚的聲音　高過於愛

（靳鐵章）沒有一顆心不是在屏息等待

（許景淳）輕輕點亮沉寂的關懷

（李　睞）不要讓迷失的腳步走得太快

（殷正洋）給自己也給別人更多機會去愛

（黃舒駿）青春的顏色　不該是這樣蒼白

（庾澄慶）把愛找回來　把愛找回來

（鄭　怡）把每一扇緊閉的門全部打開

（庾澄慶）把愛找回來　　（齊豫）把愛找回來

（齊　豫）讓世界的每一天　運轉得更精采

（范怡文）輕輕撥開灰暗的塵埃

（姜育恆）不要讓希望在風中繼續搖擺

（張雨生）沒有一種呼喚的聲音　高過於愛

（李麗芬）沒有一顆心不是在屏息等待

（楊海薇）輕輕點亮沉寂的關懷

（曾淑勤）不要讓迷失的腳步走得太快

（曲祐良）給自己也給別人更多機會去愛

（羅時豐）青春的顏色　不該是這樣蒼白

（大合唱）把愛找回來　把愛找回來

（周華健）把每一扇緊閉的門全部打開

（大合唱）把愛找回來　把愛找回來

（薛　岳）讓世界的每一天　運轉得更精采

　　感謝這首歌，它讓我這個女強人懂得放鬆、懂得隨時調整、懂得及時把愛找回來。感謝當年所有投入的義工：作詞的陳家麗、作曲的翁孝良、編曲的塗惠源、製作的張紫薇、演唱的葉歡、于台煙、藍心湄、靳鐵章、許景淳、李暟、殷正洋、黃舒駿、庾澄慶、鄭怡、齊豫、范怡文、姜育恆、張雨生、李麗芬、楊海薇、曾淑勤、曲祐良、羅時豐、周華健、薛岳。

　　感謝7-11完成這麼美好的一個公益活動，我，

至今受惠！當年為了這個活動設計製作的公益歌〈把愛找回來〉。感謝這首歌，伴我生活，鼓勵我勇敢追求自我實現！感謝這首歌，協助我在校園巡迴演講時說服父母不要再打罵小孩。我要特別感謝在天上的張雨生，他那高亢的歌聲，提醒全體的聽眾：「他已走了十多年而不能再唱歌，而可以唱歌的我們，有什麼理由生氣？有什麼理由不接受孩子考回來的分數？有什麼理由不天天快樂唱歌？」回顧這20年，個人及社會、甚至於地球環境都發生了大變化，這個公益活動讓我擁有無數的感謝與感動。感謝這個活動與這首歌，它提醒我這個女強人，如果沒有愛在背後做動力，所有的努力及追求都不過是苦工；感謝這首歌，它幫助我在校園的巡迴演講中，讓許多父母願意在我的面前全體舉手宣誓：從今天開始不再打罵小孩。因為我的書、演講、這首歌，至少已有數十萬的孩子不再被打罵。

　　把愛找回來，已有20多年的歷史，是臺灣史

上最成功、歷史最悠久的活動，至今7-11還每年固定舉辦。我感謝這麼多的人一起完成這件有意義的事，希望能在近年完成一本「把愛找回來，把愛傳出去」的專刊來具體表現我的感謝。

寫下你的感謝心情

終極篇

第22條法則

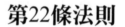

感謝寫作

人要先知先覺，
要懂得由細節、小節預知未來。

會走上寫作這條路，不是因為有文學天賦，也絕不是因為有環境栽培。父母是不識字的文盲，做裁縫的簡陋家庭中，是一本書都沒有的。我的讀者以為我若不是中文系，就是外文系、新聞系或傳播科系，但我念的是與寫作無關的社會系。

今天的我，會成為熱愛寫作的人，肯定是因為，除了我對國文天生有好感外，還得到一位好老師的加持。這個老師，就是在念北一女時遇到的國文老師郭仲寧！回想在北一女中專注讀書的時光，它讓我沒有補習也能考上國立臺灣大學，它讓父母臉上有光，讓自己如魚得水，因為一個沒有什麼社會資源的低階層小孩，只要會讀書，就不覺得低人一等。

想起北一女中的國文老師郭仲寧，就是一幅美好的畫面！她永遠是穿著合身、有腰身的過膝旗袍，永遠是塗著Y100、M100的正紅色口紅，一隻手永遠是戴著白手套、拿著白粉筆，一隻手捧著國

文課本、穿著粗跟的高跟鞋，臉上永遠是氣定神閒、優雅淺淺微笑的表情。當她在黑板前轉身、寫字時，她的每個細胞都在告訴我：國文是美的、是讓人幸福的。我對國文的強烈好感，由我對國文老師的好感，加上美感轉移而更上一層樓。

因為覺得她美、覺得她自信自足，我原有的寫作興趣被加持到一種更高的精神境界：國語文會使人生更美好！這樣的好感，讓我很想取悅她、很想國文考高分，因此每天一大早在霧色中就趕○南公車到學校的操場上一邊走路一邊背誦國文，猶記當時常和我一起用功的同學，有如今以辜公亮文教基金會執行長身分全力投入戲劇推廣與教學，現在是兩岸京劇交流的重要推手的辜懷群呢！在霧色中背的課文：〈岳陽樓記〉、〈桃花源記〉……到今天都還記得清楚。感謝郭老師讓我愛國文，讓我做個寫作人而從來沒有想過我是否有相關學歷。

其實，我並不是郭老師的「高足」，因為她一

視同仁，沒有特別偏愛誰，也沒有偏愛我。我只是班上對她默默崇拜的學生之一，但是，每次收到她批改的作文，我就被充電！因為看得到她認真地讀了每一句、每一段，我的作文，常被她的紅筆從頭「圈」到尾，在她認可的句子旁打上紅色的圈圈。我認真寫文章，常常是一篇文章中間被「圈」沒有空隙，也就是說，除了每篇必定得到90多分的高分外，她會認真地把我的每一句都評為佳句。

重重影響我一生的，是我寫過的這一篇文章〈一葉知秋〉！事隔40多年後的今天，我還清楚記得，除了全篇都是圈圈外，在最後結尾、我做的2句結論的句子：「一葉知秋，此正其時」的右旁，郭老師還圈了兩層圈呢！這個畫面，是這一生重大價值的支柱。

那篇文章的重點是：人要先知先覺，要懂得由細節、小節預知未來。哇！你看我多麼地先知先覺，目前企業界最流行的主張，不就是「魔鬼就在

細節」裡嗎？日後，我的文章、我的演講、上電視主張的立場，都是言人不敢言、說人所未見，我，不會配合製作單位想取悅廣告主及收視率的目的，而說迎合主流價值卻失去立場的話。討好大眾、讓自己成為娛樂角色、文化道具？這種功能不需要我來擔任。

我告訴我的學生及聽眾：

如果再怎麼努力也不會成功的感情，何必苦苦糾纏？

自己的孩子是什麼材料，做父母的應該知道，為何硬要子女做勉強的事呢？

趨勢比努力重要，懂**趨勢**比懂知識重要，所以為了功課而打罵子女的父母很好笑。

這都是我在運用「一葉知秋」的概念，目的是請大家要放輕鬆，人生不要太強求！

然而，說真話、說直話，這樣的話常是「烏鴉嘴」而非「喜鵲」，我卻甘之如飴，因為每個社

會，總要有一些人「我不入地獄，誰入地獄」。這種風格，這種勇氣，你相信嗎？只是因為郭仲寧老師在「一葉知秋，此正其時」這兩句話旁當年圈的那兩層圈！

記得北一女中的畢業紀念冊上，我的文章就是〈論荊軻刺秦王〉，而且還是文言文的喔！我的綽號，是母老虎、是冰山美人、是綠林好漢，在社會上，更有人叫我俠女，這些稱號讓我付出了因為數十年堅持不隨俗而不能名高利廣的代價，但，這是我在高中時代就自我選擇的一條路。一個社會，總要留幾個願真話直說的人吧！感謝寫作讓我可以有話直說。

寫下你的感謝心情

第23條法則

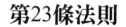

感謝地球

人類如果破壞環境，讓地球生病，
人類就是地球的癌細胞。

國文老師郭仲寧給我的禮物是讓我愛上文學，勇於寫作，但我勇敢地成為「一葉之秋」、綠林好漢角色的支持力量，還有一個來源。啟發我跳脫「小我」的是高中的其他老師，其一就是地理老師。

北一女中位在總統府旁邊，處處都是憲兵及便衣，是「戒嚴時代」的戒嚴重鎮。但我在上地理課時，看到老師興奮地一邊在黑板上畫出位置圖，一邊說：「如果可以，我要到大陸上引天山上的雪水下來，建溝渠、灌溉沙漠，中國人貧窮飢餓了幾千年，要讓所有人都吃飽，這是可以做到的……」他讓一班小女生看得聽得一愣一愣的。

至今都記得，老師在黑板前跳上跳下，時而大聲時而小聲地，不時地大發豪語：「如果我可以……」「假如我們……」「只要這樣就可以……」他把氣候、地形、緯度、地質整合成在一起，他讓我明白，原來「地理課」不是背地名，不

是記物產，地理課講的是人文、經濟、環保。不是教科書的內容，但他會提到「印加文化」古文明及復活島的生存現象消失，就是因為氣候及濫砍樹木。畢業數十年了，我彷彿現在還能聽到他的話語，在北一女中老舊的教室及迴廊上，也在我的腦海中，不斷地盪著餘音。

這下子，我的綠林好漢性格又再加強了，我強烈關注地球環保與節約資源，認為這是比個人成功及一家一小的幸福更重要的事。這世界上有太多「小鼻子小眼睛」的人，喜怒哀樂都以自己為「宇宙中心」，沒有以「大我」來認定一件事的重要正確與否。這就是為什麼我不會記得家人也不會記得自己的生日，因為這是數十億渺小生命的小事，但是我對別人亂開燈、不關燈卻很介意。電費我們付得起，但我們沒有權利因此就增設核能電廠。我隨身帶著環保杯、環保瓶、環保筷、環保袋已近20年，因為愛環境不是口號，是行動。但是，「觀念參與」卻沒有「行動參與」的人較多，這些年，吃

飯時一桌人全都拿出環保筷的次數只有二次，一次是在慈濟電視臺錄影，一次是蘆洲古宅讀書會演講後的聚餐。且看我們的年輕人，一天之內「製造」好幾個飲料店的塑膠杯及投幣機買來的寶特瓶，卻對地球「毫無愧色」？

感謝地理老師教我認識大自然的威力。「生年不滿百，常懷千歲憂」，地理老師讓我觀察事情使用「橫座標」，會想到世上別的地方，不會只想到自家門口。地理老師讓我很早就敬畏自然、胸懷地球，於是，又讓我多了一個「糾察隊」、「環保戰士」的性格。

地理老師的「水資源救蒼生」理論，讓我及早領悟的道理是：

看世界要看大環境，不要做井底之蛙！

看景色，要有地理觀的關懷，而不是旅遊心態。

要發揮智慧，善用地理資源，而不是不知不覺地製造垃圾。

人類如果環保，地球會照顧人類。

人類如果破壞環境，讓地球生病，人類就是地球的癌細胞。

　　要和地球和諧相處，地球只有一個。

　　不要心胸狹窄、活在現在不看過去。

　　哇！地理老師對我的幫助真大，在「凡事泛政治化」的社會中，口水滿天飛、心中「只有人沒有環境關懷」的政治法律議題，不會吸引我的注意力，我注意的是有沒有浪費包裝、節省電力？我們應做個對地球負責任的人，我們要聚焦在更有意義的事情上，不要浪費時間隨著沒有地球觀的人起舞。地理、氣候決定人類的前途，全球暖化的危機就是證明，北極冰層的融解及北極熊將滅種是今日的頭條新聞，而我，早在40年前，就被地理老師啟發，環保決定人類的命運，感謝他！更要感謝地球，讓我們了解環保的重要性！

寫下你的感謝心情

第24條法則

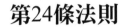

感謝歷史

不記取長程歷史教訓、只站在小我立場、
只會看短期歷史的領導者，
往往就是禍害人民的人。

成為一個不為小我、關懷大環境及正義的人，除了要感謝高中的地理老師外，還要感謝高中的歷史老師。

我不知同班同學是否和我一樣痛苦，在讀高中歷史時，心中都是充滿著憤怒與悲傷的？我為八國聯軍、南京大屠殺而憤怒，我為割地賠款、不平等條約而悲傷。那一年的歷史課，我彷彿經歷了中國近代史上的點點滴滴，每一堂課眼淚都在眼眶內打轉。歷史老師神情嚴肅、感同身受的認真教學，讓我在心中明確地烙下人生的格言：人或國家，都不應該沒有自主權、不可以被迫受傷害，也不可以去迫害別人、別的國家。我的綠林好漢性格，因那兩年歷史老師的課而更堅定。

地理老師教了我橫座標，而歷史老師教會我以「縱座標」來看事情！感謝歷史老師，感謝歷史紀錄。「以史為明鏡」，人類要得到這些教訓：

看事情不可只看眼前，要考慮到歷史、文化、宗教、傳統因素。

講人權、女權不能只學西方。

看事情不要「鴕鳥埋沙」。

賢妻良母不要只栽培家人、上班族要看趨勢、創業者要為環保負責任……

自掃門前雪的民族性若不改，還會繼續悲劇及窮困。

人類的領導者若還是不改私心，就會讓百姓蒼生受苦。

不記取長程歷史教訓、只站在小我立場、只會看短期歷史的領導者，往往就是禍害人民的人。

看事件要由「地理」的橫座標及「歷史」的縱座標來看，才不會成為「井底之蛙」，也不會把有「偶像崇拜」的愚夫愚婦「煮青蛙」。

不能死守狹隘的民族主義，不要只為八國聯軍、南京大屠殺、割地賠款、不平等條約、二二八事件而悲傷，也要為非洲被殖民、珍珠港被轟炸、神風特攻隊及硫磺島的日軍自願或被迫自殺、越南

人因為炸彈遺毒而生出殘障小孩、南北韓人生離死別而悲傷。

　　國和國之間不該有戰爭，何況是人與人？人與人也不該有鬥爭！小學就有的「抗拒打罵教育」精神，經過地理與歷史老師的潛移默化，人生夢想的「中止打罵教育任務」就更被強化了。所以我要感謝歷史老師讓我認識歷史，感謝歷史讓我認清自我。

寫下你的感謝心情

第25條法則

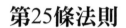

感謝一杯水

這一杯水的冷冽，
使我同時感受到的卻是溫柔。

我永遠會記得，那一杯冰水和那位護士。懷老二時，因為妊娠惡阻現象嚴重時，我去了醫院急診住院好幾次，但每次也只是吊吊點滴，醫生也沒有什麼妙招來解脫我的痛苦。因為怕血液倒流的點滴管線，我在床上不敢動彈，有點像面對綁刑。

最麻煩的是住院期間的例行公式：每天都要量體溫。非常敏感的喉嚨和口腔，連衣服領子都不能沾到。喉嚨附近不能感覺有異狀，否則便又會激起嘔吐。在這種情況之下，又怎能忍受一根硬梆梆、冷冰冰的溫度計插在舌頭下面呢？

所以，早晚班的護士都知道530病房的病人，也就是我，是不能量口溫，只能量腋溫的。那天夜裡，在昏睡中，護士卻忘了這件事，一進來就把溫度計往我嘴巴裡插，差點沒讓我當場嘔得從床上翻了下來。

這位護士對我的狀況十分同情，她不像其他

的醫生護士那樣見怪早已不怪。她帶著歉意想了一想，主動地問：「你真的那麼難受嗎？要不要我去拿一杯冰開水，用冰開水漱漱你的口，再把水吐出來。試試看這個方法是否有效？」

　　她看我沒有反對，便跑出去拿冰水，而我，卻在病床上哭了起來。我哭得非常傷心，因為這是懷孕受苦以來第一次對人描述了口腔的苦味，竟有人採取實際的行動，想要為我減輕苦感的唯一一次。

　　別人，都是安慰我，提醒我，敷衍我。「再過一陣子就好！」「做媽媽就是這樣！」「忍一下子就過去了嘛！」眾人眼中，孕婦即使吐得慘兮兮，別人還是看著她說恭喜，因她是在「害喜」而不是「害病」啊！尤其是醫生，更是覺得不必大驚小怪。

　　一杯冰水，讓我哭得像一個孩子似的，感到真切的苦處被人觸及而得到關懷，是多麼令人傷感和感動，也使我明白自己的脆弱及無奈！

一杯冰水拿來了，我在她的扶持之下，漱了幾次。冰水，刺激了我的口感，它並未使我更舒服。但我還是向她致謝，因為，這一杯水的冷冽，使我同時感受到的卻是溫柔。

　　感謝與病患感同身受的護士，願天下這樣的護士都被我們感謝。

寫下你的感謝心情

....

....

....

....

....

....

....

....

....

....

第26條法則

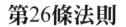

感謝一棵樹

樹，可以由陰溝裡長出來；
人，可以出淤泥而不染。

在我住家的後面：臺北市忠孝東路四段216巷33弄19號由金石堂旁巷內往仁愛路的方向，有一棵樹，被我尊為老師。這棵樹長在「山家小舖花茶館」的門旁，雖然店名早已換了好幾個，但我總是這樣叫它：「山家小舖的菩提樹」。

只要我走過這條巷子，一定會急忙去看看它還在不在？若有時間用餐，我就帶著筆電，隔著玻璃觀賞著這棵樹，並且感謝它堅持要長大。

這些年來一直在激勵著我、感動著我的菩提樹，它，不斷地長大。但讓我感動的是，這棵菩提樹的腳邊，是沒有土壤的。它，是從牆邊的水溝裡長大的，根部泡在髒水裡！沒有泥土，也沒有人要養它，可它堅持要長大。我每次經過它身邊都向它行注目禮，就覺得人生的種種奮鬥，都是應該的！

有次看到它的主人「山家小舖」店老闆嫌它枝葉過於茂盛而把它攔腰鋸斷，我還以為他們是因為它擋了一位難求的東區巷內車位而要除去它，害得

我緊張又著急，還向老闆求情。當時，山家小舖的老闆是花茶界前輩龔于堯，他曾擔任英國倫敦蘇荷區的yauatcha茶餐廳的顧問，協助其業務一年就成長七倍，立即成為全世界排名第四十三名的餐廳，才一年半就進入米其林排行榜的一顆星呢！我向他求情，只想保住這棵樹的生存權利。

　　風風雨雨中，新店來舊店關，只有它不變，它卑微地靠著牆邊、由水溝竄出而長得高高壯壯。曾有老闆因為常常出國而有意分租頂讓這家店，我自作多情地為他分析不要這麼做，目的在勸阻他，怕的是新來的店家，可能會因為要改變裝潢而大刀闊斧，極可能它就會……果真，有一次換了老闆後，它被砍掉一半，只剩半個人高，好在，歷經數次山家小舖的重新裝潢及換東家，它，仍然被保留在臺北市東區繁華都市的一個角落裡，寧靜又堅定地成長、成長、成長……今天，我還看到，在它的旁邊，又多了一株桑樹的小樹苗也來示範生命的艱難

與機會！每次經過它身邊向它投以注目禮時，都等於是向生命致敬。

對著這棵樹，對著這個老師說聲：謝謝這些年的教導！感謝你這些年一直在教導我的道理——樹，可以由陰溝裡長出來；人，可以出淤泥而不染。加油吧！我要做個文壇長青樹，像你一樣！無怨無悔地樂在其中。

它是我心愛的樹，但我從沒照顧過它，也沒有為它澆灌過水，但它確實是屬於我的，當然，如果你也看懂了，它也是屬於你的。我們一起感謝它這麼努力地生長，我們也要一樣！

我要為它祈禱，希望它的每一任老闆都會像我一樣，因為佩服它而照顧它，容許它繼續在水溝裡繼續長高長大！為了一直能看到這棵可敬的樹，我們要祝福這個地址的店家能長命百歲地經營，所以，希望大家常常來光顧這家可愛的小店。

感謝菩提樹老師教給我們的課題：生命自會

找到出路，生命力是不可擋的；只要有水就會有生命；生命的意義，就是奮鬥，在困境中一樣可以有成就。感謝山家小舖的菩提樹給我的激勵，每當我遇到困難，我就想到它，想到自己沒有抱怨的權利。

附註：哀傷地向大家報告，昨日去「看」這位「老師」，它已被新的店家砍掉了。嗚嗚嗚……所以啊，感謝要及時！

寫下你的感謝心情

第27條法則

感謝一盞燈

世界上發生的所有災難，
都是在幫助我們，
終結我們曾經所犯過的錯誤！

我想感謝電力公司。但是電力公司和我一樣，要一起來感謝這個人：托瑪斯．阿爾發．愛迪生（Thomas Alva. Edison，家喻戶曉的發明大王）。他1847年出生在美國俄亥俄州的米蘭市，小時候的他超喜歡問「為什麼」，而且超喜歡親自試驗。愛迪生真正受過的學校教育只有三個月，因為他那愛發問的習慣，令學校老師大為光火，他的母親南西只好把他帶回家，自己教導。她知道愛迪生愛動腦子、善於思考的求學方法，是不同於傳統的教學，因此，她讓愛迪生用自己的方法學習知識，同時教導他讀莎士比亞、聖經、史書等，還曾買了一本叫做「自然科學實驗」的書，愛迪生對這本書非常著迷，把書中的實驗全部做過。從那一刻起，這孩子的一生完全改觀。我們不認識他，也無緣認識他，但是因為有了他，全世界的人都要感謝他，因為他發明了電燈。他說：「天才是一分的天分，加上九十九分的後天努力」。

19世紀初，人們開始使用煤氣燈（瓦斯燈），但是煤氣靠管道供給，一旦漏氣或堵塞，非常容易出事，他和夥伴不眠不休地做了1600多次耐熱材料和600多種植物纖維的實驗，才製造出第一個炭絲燈泡，可以一次燃燒45個鐘頭。後來他更在這基礎上不斷改良製造的方 法，終於推出可以點燃1200小時的竹絲燈泡，他為世界帶來了光明。

　　如果沒有電燈，我們就得太陽一下山就回家，就得在蠟燭的閃爍燈光下生活。有了電、有了燈，人類突破萬年的黑暗，成為時間空間的主人，用到燈、用到電的東西充斥在我們的身邊，沒有電、沒有燈，我們也一樣能過活，但日子過得是非常不一樣的。1931年，愛迪生留下2000多項發明，帶著一身的榮耀與成就，與世長辭。美國人為了紀念他，原本打算出殯當天全國停電，表示對他的哀悼，但是仔細一想，就知道這個構想不可能實現。想想看！醫院、工廠、火車、電梯……沒有電力與照

明，一切將陷入混亂。最後，全美民眾決定，自發性地熄掉非必要的照明。那天夜晚，連自由女神高舉的火把也熄滅了，而愛迪生卻為人們點燃了二十世紀的燈火！

我們喜歡有電有燈的生活，因此，每當打開燈、插上電腦插頭、打開電視音響、果汁機、坐上捷運高鐵……我就在心中說：「3Q very much」。是多少聰明的腦袋及堅強的毅力，結合起來才讓有幸生在我們這個時代的人，可以這樣幸福地過日子？感謝愛迪生！他的一生共得到1093件專利、他是「發明家名人堂」的第一人，他的成就有目共睹，全人類都愛戴他，受惠於他。全人類都得感謝他。

很多人對我說：「你能寫這麼多書、演講這麼多場，真不簡單。」但我深知我所能做的其實很簡單，能發明電、燈，能把電送到千家萬戶、讓億盞燈具大發光明，這才是不簡單。因此我每次用電開

燈，都會以愛迪生為代表，送上我的感謝，真的！
這讓我的人生很忙，因為要忙著感謝，以至於沒時
間生氣及生病呢！

　　愛迪生，是我在天上的老師。我感謝他發明
了燈，我也佩服他的為人。你一定以為，我佩服他
的是他試驗了1000次才找到電燈泡材料的毅力。不
是，因為，每本書數萬字，每本都要六次校對，我
的寫作生涯，其耐心，不輸給愛迪生。

　　我會崇拜他，把他當偶像，把他視同生命老
師，主要是因為他這樣的人生態度：

　　愛迪生已76歲了，他目睹了他的工廠遭火災！
工廠只保了1/10的保險額，他的兒子，正值24歲的
查爾斯急得要命，卻看到老爸爸滿臉通紅、興奮地
叫他去叫媽媽來！

　　因為，「快叫她來，她的有生之年，不可能會
再有機會看到這種場面！」

　　第二天，愛迪生告訴困惑的查爾斯：「每場災

難都有其價值。我們所犯的錯可以隨火災而焚毀，然後，我們要感謝我們還能夠從頭做起。」

這件事之後的第三個星期，也就是火災後的第21天，愛迪生發明了全世界的第一個留聲機！

沒有實驗室，在廢墟上，他老人家，76歲了，還發明了留聲機，留給我們耳朵的福音！我真是太崇拜他了。

因此，我常在演講時分享我的老師──愛迪生在這件事上給我們的啟示，用我的話來說，以便讓大家更能運用這份智慧：

「世界上發生的所有災難，

都是在幫助我們，

終結我們曾經所犯過的錯誤！」

因此，終於爆發的災難，都是來幫助我們的，一切都是最好的安排，凡事都有它的意義，只是看當事人的我們是否懂得解讀。謝謝愛迪生，現在的我，坐在燈下打字，聽著收音機的音樂。一個世紀

老師，可以永遠澤惠全人類，智慧長存世間，大愛公平照顧眾生！愛迪生證明了這件事。

感謝大智慧的愛迪生，他教給我這種灑脫的態度：感謝災難，並由災難中學到東西；即使76歲了，還是要創作；對！即使明天是世界末日，也要在後院種下我的葡萄種子。愛迪生之所以成為有史以來最受崇敬的發明家，除了因為他頑強的毅力和獨特的創新令人佩服之外，更因為他的發明，大多與生產供應結合在一起，使人們直接而立即地享受到他的發明成效。我們要向愛迪生學習。若懂得時時感謝他的貢獻，我們就不會忘恩負義，常常為小事生氣了。感謝愛迪生教會了我這些，感謝愛迪生「一切可以重新開始」的重大啟示。

寫下你的感謝心情

感謝一句話

想要有爆發力，
就先要能完全放鬆。

很多年前訪問過紀政，她所說的一句話，惠我良多。

1944年，紀政出生在中華民國臺灣省新竹市，祖籍為福建晉江，專長於田徑運動。她出生貧苦人家，在3歲之後就被送到山上的農家當養女，童年生活相當困苦。直到14歲時在國中運動會田徑成績優異，才逐漸走上田徑運動員之路。在1968年墨西哥奧運代表中華民國奪得田徑女子80公尺跨欄銅牌，她是中華民國女運動員在奧運會上奪得的第一枚獎牌。她也是繼楊傳廣在1960年羅馬奧運獲得男子十項全能銀牌後，第二位獲得奧運獎牌的臺灣運動員。她被譽為「亞洲羚羊」，我採訪她時原先是聚焦於她的運動爆發力，但是她卻向我強調相反的觀念。

她告訴我：「想要有爆發力，就先要能完全放鬆。」原來，致勝的條件不是強健的體力，而是先能懂得放鬆。簡單明瞭的這一句話，幫我在緊張、

焦慮、忙碌時習慣提醒自己：「紀政說：『放鬆、放鬆、放輕鬆。』」我學會了放鬆。感謝她，我的工作量超大，企圖心又多，但至今沒有造成神經衰弱、精神病症及健康問題，原因之一，就是因為她的這句話。

不懂得放輕鬆？不但得不到金牌，更會常常緊張、生氣、生病的，感謝紀政送我的這一句簡單明瞭的話！

寫下你的感謝心情

第29條法則

感謝一種天賦

人們用否定或嚴肅的方法來肯定我們，
懂得「閱讀」的人就會感謝這些人。

在43歲以前，我都在商場。43歲時，我開始畫畫，喔，應該說，是到了那時才敢開始畫畫。在此之前，我一直在做「該做、能做、想做、做了能得到名利的事」，直到我明白「興高采烈過日子」的道理後，我勇敢地拿起畫筆，從此兼顧了該做與愛做的事，人生得到圓滿。

為什麼事隔43年，放在心中深處多年的夢想會冒出來？因為，在我的記憶中，有好幾個人，在我非常非常小的時候，就讓我明白我的天賦在哪裡。他們是我的幼稚園老師。當我還是個幼稚園小班生時，我就會畫完整的圖畫。無師自通，從沒學過或看過繪畫教學本，但我就畫了至今我都還記得的畫面：

一個女人，梳著鳥巢頭、穿著旗袍、手上提著方型的皮包、腳上踩著黑色的高跟鞋走在公園的走道上。走道上是一顆顆的白卵石，道旁有綠色的小草及白色的小花，還有折彎成半圓型的綠色竹條隔籬。

這幅畫，讓全校的老師們圍在一起嘖嘖稱奇。他們並沒有對矮不隆冬的我有任何讚美，因為在那個年代，還沒有「才藝班」、「善用讚美」的教育概念。他們只是圍在一起大小聲地討論那張畫紙的畫面：

　　「你看，她會用陰影……」

　　「可能嗎？這麼小的小孩會畫一整個人？」

　　「這個人有點像園長，你說像不像？」

　　「沒有人教她喔！我親眼看到她一堂課就自己畫出來了。」

　　「如果不是在課堂上畫的，我一定說是大人幫她畫的。」

　　他們圍在一起討論的畫面，一直深深地留在我的腦海中。它讓我從小就知道，我有一個讓人肯定的本領——畫畫，這個本領會讓大人們表情驚奇地圍在一起討論我的作品。在我的成長過程中，很少被人讚美，因為不流行這種西式教養法。但是，肯

定，不一定要透過讚美的形式。一堆老師背著我討論我的作品，畫面的激勵，比文字更有力、記憶也更久。就這樣，他們讓一個四歲的小女孩，心中設定了「我想做畫家」、「我可以做畫家」的基因。感謝這些幼稚園的老師們挖掘我的藝術天賦！

雖然我的第一天賦是藝術，從小拿到紙就畫圖，但是，老師一見到我畫畫，就如同見到洪水猛獸般地緊張。只要我在課本上畫了小人頭被老師發現，老師就會打電話到家裡告知：「你的女兒又在畫畫了，這樣是不會考上第一志願的！若沒考上我不負責。」因為，大家都知道，多半的畫家很潦倒，畫家不算個職業，藝術會讓我沒飯吃。我的繪畫興趣，從小就是被打壓的。記得有一次，在小學時，我只是憑著看到過的畫冊印象，就以單色線條畫出了白描的中國仕女圖。飄逸的衣袖、彩帶、首飾，但是老師板著臉說：「你怎麼可能畫出這樣的畫？你一定是用紙蒙在畫上，用描的，對不對？不

要騙人！」在當時，老師的話，對小小年紀的我是個莫大的傷害，我不明白我無意識就畫出來的畫，為什麼會讓他指稱我是個小騙子？

但當時的我，也沒有敢想把畫畫當事業，所以也就不太在意這件事。在小學考初中、初中考高中、高中考大學的過程中，一切以功課為重，全部以學業為第一，我愛畫畫的事沒有人當回事，連自己也漠視這個興趣取向，誰又會提醒你呢？

直到在高中遇到這位美術老術，我心中的那根芽才有了再發的機會。這位美術女老師是個嚴肅的單身女郎，她永遠是硬著一張臉讓我害怕，讓我害怕的老師偏又不斷地向全班展示我的畫──我畫的總統府夜景、校園風景，又常常使喚我跑腿為她做事。

有一次，她要我去重慶南路買米色海報紙，買不到，回來告知「沒有米色海報紙」，卻被她厲聲斥責：「怎麼會沒有？怎麼會沒有？怎麼會沒

有！」她的臉色、她的聲音，讓一個高中生發抖。不明白這件事她為什麼要發這樣大的脾氣？不明白是因為我沒有說「米色海報紙賣完了」，還是因為別的老師說的「她常常要發作」的事剛好被我遇到？這件事，是我心頭長久不能消失的畫面。

然而，她還是我這一生一定要感謝的老師。因為，在聯考前夕，當大家都在選組別、選科系的緊張時刻，她把我和班上另一位同學叫到她的辦公室去。她照常板著臉，還特別顯得嚴肅地對我們說：「你們一定要去考師大美術系！」

我有資格考美術系？專業的美術老師告訴我這句話，難道是在告訴我，我從小一直在夢中、在心中深處喜歡的東西是真的？是值得追求的？當天，我好興奮地、跳躍著回家「稟報」，結果第一秒鐘就被所有聽到的大人刮了鬍子：「老師亂講，你也亂聽？你不要念什麼文學藝術，將來找不到工作，好好考商學院將來才有前途！不要亂來！」

所以，最後我有沒有考師大美術系？當然沒有！家人不同意，怎麼敢？我乖乖地考上了臺灣大學，上了那個只是因為分數剛好、我根本不知道是什麼內容的「社會系」。

　　可是，如果當年我有勇氣去考美術系，人生會如何地不一樣？人生繞了一個大彎，我在43歲後終於鼓起勇氣去做畫家而得到快樂。所以，如果當年我有勇氣做選擇，我的人生，是不是早快樂幾十年？

　　讓我害怕又不舒服的美術老師，其實嚴格算起來，是人生最早的知己！現在我清楚地看到這個重點，又想到沒有對她給我指點有回應，算是辜負了她而難過。

　　現在我長大了，就明白了，那些懷疑我騙人及對我嚴肅提醒的老師們，並不是否定我，而是肯定我的天賦！

　　感謝美術老師板著臉告訴我，我是個可以考美

術系的料，她讓我明白，天賦是逃不掉的！她讓我明白，有時候，人們用否定或嚴肅的方法來肯定我們，懂得「閱讀」的人就會感謝這些人。

寫下你的感謝心情

第30條法則

感謝不再生氣

我不生氣時，比較能解決問題、
對付壞人、避開意外！

繼《立志要快樂》後，我寫了《決定不生氣》這本書。

有件事，本來是可以讓我大發雷霆的。那天，朋友請我參加一個說明會，活動的場地是在靠近松山機場的一個大廈裡。這個平日人員進入非常頻繁的公共場所，是自由進出的。但因為是星期天，反而在偌大的大廳櫃臺，站著兩個穿著制服的保全人員管理進出。這兩個保全人員態度毫不親切地要我登記並要我拿證件換出入證，當天剛好只有身分證在身邊，我很不情願地把身分證押在那裡。活動結束後，我就這樣通過空盪盪的大廳回了家，沒有把證件換回來，在進家門的那一秒鐘才突然想起來這件事。

我氣壞了！又發生了這種無聊的事情，沒事找事！只好又花了計程車錢和時間，回來這間大廈，找保全人員理論。我說：「如果你們收了我們的證件，就要在我們離開時記得找我們換證。可是我離

開這棟大樓時，大廳裡一個人也沒有，你們沒有在現場，我們也不記得要換證，害我們浪費時間金錢。如果我是由南部上來的，由桃園、臺南或宜蘭上來，你知道可能是要花多少時間和錢嗎？」

我的抗議，本來是預期有人馬上會道歉，豈知兩個像木頭人般的保全酷著一張臉，只是把證件交給我就充耳不聞了。

我氣炸了！我說：「叫你們的主管來！」

保全員根本不怕我，顯然這種事已發生很多次，而他們也已套好招了，所以，他們請出來的那位主管，更酷！

我正想發威抗議，卻突然想到，一個快樂的星期天，就這麼被他們決定了我要生氣，憑什麼？不敬業、不親切、霸道的這種爛角色，也不是第一次碰到，肯定的是，將來還會有很多機會碰到，我為什麼要像個木偶般被他們激怒？

想我出去演講，好歹還有個鐘點費，我說的

話一定會有掌聲，換成現在，我說的話，他們把我當瘋子，我有必要把他們當聽眾嗎？這樣的保全公司，應該找專業的老師給員工上「客服」課，這樣的保全公司，遲早會被這棟大樓的管委會換掉，我，有必要去「教育」他們嗎？

我，沒有必要！當下一秒鐘，想起我要貫徹「天天生日快樂」的承諾、想起生氣一定會生病、想起這樣的氣會一輩子生不完……我有如跳入一池清泉，整個人醒了過來。不想生氣，告訴自己不該生氣已很多次了，但，這一次，我是「決定不生氣」了！

當下，我微笑著拿了身分證，還說：「謝謝！」然後優雅地轉身就走。留下三個準備要以權威姿態來解決我的保全人員愣在那裡，他們不明白，走出大廈的我，心中說的是：「謝謝你們，謝謝你們做了我的老師！謝謝你們教我：決定不生氣！即使是遇到像你們這樣的人。」當天我在筆記

中寫下了這一段。你相信嗎？我從此神奇地真的更能從容面對生氣場合卻不再輕易生氣！我的「不生氣」修練功夫持續了很多年，因為前面的基本功，這件事，也成為「修成正果」的里程碑。我真的是不再生氣，就從這件事開始！

　　你也想和我一樣「天天生日快樂」嗎？簡單，馬上去找個夠可惡的人讓他激怒你，然後，告訴自己：「由這件事開始，我不再生氣！」對方越可惡、越沒水準、越差勁，效果就越好，因為你越會覺悟！然後，回家把這件事寫下來，想生氣時，把它拿出來看看。我會用這一招，全要感謝這幾個差勁的大廈保全員，他們讓我覺悟：要生氣？生氣機會是沒完沒了的。我的人生成敗跟這幾個保全員沒關係，不該浪費時間精力智慧在他們身上。人生隨時有可生氣的事，只是我決定了，我不生氣！我不生氣時，比較能解決問題、對付壞人、避開意外！真感謝他們。

寫下你的感謝心情

第31條法則

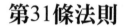

感謝沒有失去

人生的許多時刻，若不是在為「追求」而奮鬥，
就是在為「失去」而補救。

我每天從早到晚用電腦，還自許老天賞飯吃，眼睛不會壞。直到有一天，在後面巷子裡看到一個長相英俊的年輕人，戴著墨鏡，拿著長杆子走向一棟公寓。大白天戴墨鏡？他不是要酷，因為他是盲胞。這棟房子，隔成小間小間的套房出租，我看著他由巷子的這一端，用枴杖保護自己，閃過汽車、摩托車、垃圾桶、路人，然後摸出鎖匙開門、進去、關門、進電梯……我看得傻了！

我覺得他的姿態是這麼地優美、這麼地棒。我看過他三次，每次我都是站著不動，崇拜地看他由巷頭走過來、走上階梯、拿出鎖匙、走進樓房。我很難形容這樣看著他的感受，就是很有感受及警惕！

但，他最後搬走了，別人告訴我，因為他幫人做按摩，可是房子因為他看不見而髒亂不堪、有臭味。他做不下去，房租繳不出，所以我知道再也看不到這個英俊的年輕人了，但，短短三次他的過街

姿態，讓我永生難忘，也讓我不時提醒自己，有好的視力才有人生。

感謝他讓我知道珍惜平常不知道要珍惜的東西。2007年臺中市長胡志強的夫人邵曉玲及藝人許瑋倫都出車禍，前者搶救成功、死而後生，但失去了一個手臂，後者則永遠離開世間。又有星座專家星星王子因病而失去了一條腿。在本書校稿期間，深夜裡在電視HBO頻道上，連著看了兩部精采的影片，一部是《羅倫佐的油》，描述一對夫妻為了搶救生病的兒子而投入醫療的研究；另一部是《失蹤時刻》（*End of deep ocean*），描述一個失蹤8年的小孩如何被找到。這些新聞和電影，都在描述人一生常要面對的功課：搶救失去的人或東西，這讓我明白，人生的許多時刻，若不是在為「追求」而奮鬥，就是在為「失去」而補救。感謝這位盲友讓我知道，失去的可怕。

感謝他提醒我：要好好保護眼睛，要感謝眼睛

為我所用的這幾十年。是的，感謝我的眼睛，為我讀了這麼多的書、寫了這麼多的字、看了這麼多的美食。睜開眼睛，我就要感謝你們。感謝巷子內的盲人教我珍惜擁有，只要還有能看世界的眼睛，再大的困難我也不可抱怨。

寫下你的感謝心情

第32條法則

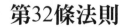

感謝知足常樂

與其怨嘆有人比我們富有、不合理地輕鬆，
還不如要感謝我們現有的，
同時更要想點方法來幫助比我們更辛苦的人。

最愛接到來自偏遠東部、離島的演講,因為去那兒工作等於是度假。可以為偏遠地區的人帶來一點歡樂,也可以讓自己及隨行的家人或團隊順便去看海、吃海鮮。記得有一次,在花蓮的海邊,我和老媽及女兒在演講結束後,照例在海邊玩耍,然後看到一對老夫妻⋯⋯

他們的背都駝了,駝著背低著頭在海邊翻找著一種黑色的鵝卵石。他們告訴我這是園藝店會買的東西,但是因為這種石頭早就被撿光了,所以,他們要翻開石頭,很努力地找才能找得到幾顆。我問:「價錢怎麼賣?」老先生滿臉皺紋,一點笑容也沒有,辛苦全寫在他的表情裡:「一公斤二塊錢,錢歹賺啊⋯⋯」那天,我們「三朵花」在海邊休閒,而這二個老人在撿石頭。天快黑時,看著他們駝著背、推著一臺破破爛爛的腳踏車,架著重重的一堆石頭離開海邊,讓我的心情沉重、難過得無法形容。

本來，對於金錢世界的不公平，我是憤世嫉俗的。為什麼歌星唱三首歌就得到50萬元？為什麼有錢人更有錢？為什麼理財顧問只幫有錢人更有錢？為什麼一樣的努力，郭台銘那麼有錢？為什麼爬格子的收入，是這麼地辛苦？但是，感謝海邊撿石頭的老人家，他們提醒我，其實比我辛苦百倍、千倍的人還很多！

　　與其怨嘆有人比我們富有、不合理地輕鬆，還不如要感謝我們現有的，同時更要想點方法來幫助比我們更辛苦的人。感謝海邊撿石頭的老人家，在那一個午後，他們讓我停止抱怨，開始想：如何讓世上窮困的人改變命運？最重要的是，他們讓我開始懂得知足常樂。

寫下你的感謝心情

第33條法則

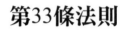

感謝自己

一切都是最好的安排，
好山好水一念之間。

時時感謝，不是人生沒痛苦沒煩惱，而是懂得一切都是最好的安排，每件事發生、每認識一個人都有其意義，都是堅信「訂單」的結果。

回顧前半生，感謝與我起衝突的人，他們是來試煉我的老師；感謝讓我在商場賠錢的人，他們讓我知道我的準備不夠；感謝在房地產上浪費我時間的房仲介，他們讓我承認不是每個人都適合操作房地產買賣；感謝攻擊批評我的人，他們花了寶貴時間來找我的缺點，感謝他們的用心；感謝冷落我的人，因此我才更懂得自己的渺小；感謝小格局的人，他們的小鼻子小眼睛讓我問自己，是否和他一樣心胸狹小。

一切都是最好的安排，好山好水一念之間。感謝一路走來的起起伏伏，感謝竟然我有能力、有機會從心所欲——而這都是因為這麼多前人、這麼多條件的聚合而成。

最後，要感謝我努力做自己，感謝可以做我自己！一切都是最好的安排，一切都是最好的。

寫下你的感謝心情

結語

3Q Very Much！用感謝的力量讓人生發光發亮吧！

快樂不要等待，幸福就在今天，感謝就在現在！讚美我們的人我們要感謝，罵我們的人更要感謝。我要大聲地說：「所有的貴人老師們，在天上或地上的，3Q Very Much，因為有你們，才有幸福的人生，謝謝你們！」

請跳脫個人角色、家庭角色，要成為一個地球人、社會人、快樂的人、感謝的人、幸福的人。不論男女，能幹的現代人，都不要只貢獻給一家一小，每個人都要試著讓自己發光，然後去照亮身邊的世界！就像在這本書中照亮我的這些老師貴人們點亮人類、世界一樣。

3Q Very Much，用感謝的力量讓人生發光發亮吧！

附錄

夢想與貢獻清單

夢想清單

　　擁有平凡的生活、家庭、事業到今天，感謝如許多的人事物，讓我完成了如許多的成就。感謝宇宙，我已實現了這些夢想，更感謝我還有許多待完成的夢想。這個清單，也就是我向宇宙百貨公司所下的「訂單」。

已經實現的夢想

□擁有一間小小的獨立工作室（2000年已成立）。

□出版最多的女作家紀錄（目前已有100多本，目標200本）。

□演講最多的女講師紀錄（目前已有3000多場，目標5000場）。

□環遊世界（其實只是環繞北半球一圈而已，2001年已經帶著女兒完成）。

□開一間有機商店（綠色小鎮有機超市臺北東區旗鑑店，2010年12月於臺北市忠孝東路四段216巷11弄6號開幕）。

□成立一家跨媒體影音製作公司（來把我所有的書影音化2010年9月成立）。

□成功地由74公斤減肥到54公斤（而且不復胖呢）。

進行中的夢想

□不再讓自己變老、變胖、變醜，並健康長壽地活到120歲。

□中止中國人打罵小孩的千年傳統。

□降低華人世界的離婚率。

□推動家庭理財教育遊戲：「富家庭A計劃遊戲」。

□到印度參加奧修的普納營區課程及在印度瑜伽村靜修1個月。

□找到願意出版我全集的中國出版社，然後在出版簽書會的同時，來一次「環中國」的旅行，並寫一本「環遊中國」的書。

□邀集同伴開休旅車，自助旅遊歐洲一次。

□成立服飾交流中心。

□在溫泉區成立整合身心靈的養生園區，並作為我養老的基地。

　　我有這麼多的夢想，你是笑我還是支持我呢？今天就想想，你有多幸運，有多少要感謝的人、事、物，然後也開始規劃許多夢想！

貢獻清單

　　除了繼續寫書演講，付出更多的「法布施」，繼續培植財力及能力外，我要繼續貢獻的清單如下：

□幫助更多人減肥（其實是找回健康啦）。

□為更多對社會有貢獻的人寫書。

□在每個大十字路口裝設音樂報時鐘，每小時都發出讓人感到和平的鐘聲或樂音。

□贈送兒童遊樂設施及老人運動設施給偏遠的公園或學校。

□幫偏遠地區的破舊車站裝設五星級的廁所。

□發給每個班級倒數三名的學生獎學金，讓他們去學技藝、參加夏令營或旅行。

□協助我的朋友李盈捐獻「流浪貓狗行動結紮車」，終結撲殺動物的不人道行為。

□協助導盲犬訓練機構募款，以便訓練更多導盲犬（臺灣有6萬盲胞，但只有30隻導盲犬）。

□支持種樹達人楊文德的喜瑪拉雅協會，推動「喝一杯茶，種一棵樹，抗沙漠化」的行動。

……貢獻清單持續增加中……

有生之年，我會努力完成以上貢獻。但畢竟個人的力量有限，所以希望比我有能力的人能「認養」以上的項目去及早完成。美好的事物應該讓大家一起來分享，感謝的事，成功不必在我，請大家一起來！

3Q Very Much，幸福的人生，大家一起來享受！

寫下你的夢想與貢獻清單

感謝行動Q&A

A：我也是這樣啊！我要感謝的人有這麼多，但我寫得出名字且確認沒寫錯的只有郭仲寧老師（我的「忘性」比「記性」好很多），還有那個我清楚記得但是沒把他名字寫出來的那個小六惡魔徐老師。沒寫的原因，理由很簡單，只是因為忘記他們的名字了，且當年我們並不知道我們要感謝他們啊！講得出名字是最好，講不出也沒關係。關於感謝老師、貴人、恩人卻不能寫出他們的名字的這一件事，相信寬宏大量的他們是會原諒我的！而且，幫助我「不生氣」的那幾個大廈保全員，我也根本不知道他們的名字，我也不想知道他們的名字啊！所以沒關係的，「感謝」行動的重點，是我們要心生感謝，而立即感受到幸福及溫柔。

就像我們常說一些流傳千古的「格言」、「諺語」、「童話」，常是不知出處及作者的，甚至是張冠李戴了，但這樣也無妨，智慧能流傳，好

處有分享，就好了！只要你在心中表達著感謝，3Q very much這個「儀式」就完成了。相信我，即使對方不知道、不領情、不接受都沒關係，因為，3Q very much是為了自己，3Q very much之後，你會立即柔軟，馬上原諒自己或欣賞自己。

Q：光是在心中說感謝就夠了嗎？不須要具體行動嗎？

A：有具體行動是最好，但有時確實有客觀的困難。比如我很想找到郭老師當面致謝，也曾打聽到郭老師人在高雄，也託了人去試過尋找卻未果，之後就沒有再積極進行尋找。畢竟工作忙碌，很難專程去找她。寫這本書的目的之一，就是要用這樣的方式來謝謝貴人們。只有我在心中感謝郭老師，不如讓更多老師知道，一個老師的敬業與自我重視，是如此容易地讓學生感受到知識的美感、學習的樂趣而終生受惠，繼而，社會國家也可能受惠！良師可以興國，真的！

感謝一個人的方法有100種，我選擇的方法之一，是每次在教師研習營面對老師們時，都會提到恩師郭仲寧把我的作文簿用紅筆從第一句圈到最後一句，這樣對一個窮孩子在精神上的激勵，結果是讓他們重燃起「良師興國」的抱負，我認為這就是報恩感謝。是的，我認為，每說一句好話、每講一場演講、每寫一本新書，就都是一場謝師宴。

　　感謝不必有餐宴鮮花的形式，受惠的人的上進、努力、成就，就是謝謝對方的最具體表現。相信，無論郭老師現在在哪裡，都會同意我的做法。感謝的方法、回饋的最好方式，就是「把愛傳出去」，把當年你我「受教受惠」的情境及啟發，用各種方法「傳」出去！無論郭老師您現在在哪裡，請讓我在心中、在這本書、在演講中不斷地向您說：「謝謝老師！」

　　報恩的方法有一百種，可不要像古代人那樣要把自己嫁給對方，或是一廂情願地犧牲自己，請

發揮創意來感謝對方。找得到對方，有條件贈送禮物，對方也欣然接受，這當然是最好，希望你能有這些福氣。當然，如果你看了這本書覺得想感謝我的話，書上有我的地址，你想送我什麼我都接受，比如房子或鑽石啦……我在這兒先說聲3Q very much囉！其實我想說的是：想感謝要及時，事過境遷後就費功夫了。

Q：對方不接受我的感謝，怎麼辦？

A：這是極可能發生的事，因為極有可能，對方目前還不能理解你的改變、不接受你的歉意、不想原諒你，你想當面對感謝他，他可能會把你罵回來、把你趕出去！但這不重要，也不要強求，只要你在心中衷心感謝他，這就完成了感謝行動。每個人都有人生的功課，你不能要求別人做功課的進度和你一樣。比如，那幾個大廈保全員，我若把當天發生的事寫成「感謝狀」寄到他們的公司去，他們會接受嗎？搞不好我還會因此讓他們丟工作呢！所

以，表達謝意不要強求。

　　一個凡事感謝的人，不生氣、不抱怨、心平氣和、氣定神閒、充滿奮鬥意願……享受這樣美好生活境界，總要對還做不到這一點的人心懷同情而不要苛求。

　　另一個可能是，真正對我們有所啟發、值得我們終生感謝的人，有可能是由惡意出發的。這是很有趣的事，善待我們的人有時對我們的幫助還不如欺負我們的人，因為後者給我們的教訓及學習往往更直接、更深刻。本來就不想讓我們好過的人，卻無形中幫助了我們，他們當然是不會願意接受你的感謝啦！有人說「讓自己過得好，就是最好的報復」，但報復會讓你身體中毒、精神緊繃，建議還是默默地在心中「感謝」他們吧！

　　我也曾在送人貴重禮物表達喜悅及感謝時，禮物竟被退了回來，但我還是感謝他。我收到任何人寄給我的資料，我都會打電話感謝，即使我不買他

要推銷的東西。要不要感謝？你決定吧！感謝之後的結果如何，及對方接不接受，都沒關係。

時機不成熟、對方不領情時，不要勉強自己，也不要強人所難。自己先享受「感謝之情」充滿的幸福吧！但是，好消息是，其實感謝大部分是被接受的。比如，就在寫這篇文章時，接到一位男士打來電話，他的口氣很壞：「我看了你的書，整本書講的都是廢話！」我的回答是：「噢，這樣喔！謝謝你看我的書！」猜猜看，他的第二句話是什麼？他口氣馬上變好了，他說：「你告訴我，那你書裡講的課什麼時候開？我要報名。」

讓我再次強調：即使對方不知道、不領情、不接受都沒關係，因為，3Q very much是為了自己，3Q very much之後，你會立即柔軟，馬上原諒自己或欣賞自己。感謝就算不必接受，至少不會讓事情變壞，我保證，向人說3Q very much絕不丟臉，會說謝謝、唾面都能自乾的人，是最了不起的人。

Q：災難、壞人也要感謝嗎？

A：當然要。記得愛迪生的啟示嗎？災難及壞人的出現，是要給我重大的教訓，也是要我們快點終結錯誤。因為溫柔敦厚的好言好語，有時候不足以讓我們被打醒。善待我們的人有時對我們的幫助還不如欺負、傷害我們的人，因為後者給我們的教訓及學習往往更直接、更深刻、更當頭棒喝。

比如：當我們怪天降洪水時，不要忘了，水也是我們生存的源頭，只是它來得太多太快，去的地方造成問題，是我們自己暖化地球、沒有做好對策、沒有準備如何處理而已。我們要感謝天送水來，要檢討為何會有洪水、為什麼會全球暖化，要想著如何運用水力、風力、火力，改善救災系統。再比如，有人在背後說你壞話，要知道，你沒有花錢請人做市場調查，你就知道了你或你的商品的關鍵性缺點，還不感謝嗎？要磕頭、要發感謝狀咧！當那些災難、困難及問題來臨的時候。

Q：感謝行動如何開始？

A：很簡單，請開始回想、用筆記本或在電腦中開個文件檔，記錄下每件你要感謝的人、事、物。一旦開始，你就會發現，要感謝的人、事、物太多太多了。因此，我們為你設計了「感謝清單」及「感謝明信片」，記錄人生並且讓對方知道，你在感謝他。相信這會讓收到「感謝卡」的人，大為驚喜。在簡訊、mail、傳真普遍的時代裡，親手寫感謝詞、由郵差手上收到一張「感謝狀」，或是一大早起床後發現一張卡片，讓美好的事件能「擺」在桌前，展示給大家且可一生保存，是一件傳統、又耐久且幸福、但已很稀有的事。感謝行動有100種，但善用這本感謝書，就是第一個行動。

同時，我也認為應該有人要設計一個本子：「老師清單」。好讓我們把從小接觸過的老師名單記錄下來。由幼稚園開始請爸媽幫我們記；會寫字後自己記；進入社會後，讓各行各業接觸到的奇人

異事、教我們、幫助我們的人被記錄下來。有朝一日，在你飛黃騰達之際，你就可以找到，是哪個老師造成你現在的成就了。

好！知識不是力量，行動才是力量。請參加萬人連署「333國際感謝日」，加入「百萬感謝地圖」，在每年的3月3日下午3點3分發出3個感謝吧！

3Q

每年的3月3日下午3點3分請寄出3個感謝給你
最該感謝的人。

2010年的3月3日下午3點3分，我要寄出3個感謝。

第1個感謝是給：

第2個感謝是給：

第3個感謝是給：

Yes！我要參加：
萬人連署333國際感謝日

請登錄連署：http//www.facebook.com/3Qday

讓「感謝」
建立無霸凌的
校園與社會

霸凌事件頻傳！一名13歲國一女生，被4個同班女同學聯手霸凌，不但遭到毆打，還被推進廁所，強拍裸照；一名小六的男童，在校內被8名學生欺負，讓他開始夢遊，捶棉被說想殺人，目前還在接受精神科治療；14歲國二中輟女生只因被懷疑偷了一個髮夾，被20多人帶到公園剝光衣服、捏胸、賞耳光、右耳受到重創恐失聰，眾人包括她的同居男友在內都一旁觀看還拍下霸凌過程PO網……天哪！這些新聞讓人不忍目睹，讓我不願詳述細節，因為其中有太多的讓人不可置信與心寒。

年輕的孩子為何會有暴力行為？是由現實生活及網路遊戲中看到太多的暴力示範？是暴力鬼怪電影對學生造成不良影響？

為何有人懂得用性侵手法來侵犯、傷害、凌辱別人？是色情電影、光碟片、網站的教導？

往網咖門內看去，遊戲空間的典型色情暴力現在如實呈現成讓人恐懼的現實行為，「我不殺伯

仁，伯仁因我而死」，製作這些遊戲或漫畫的相關業者有責任嗎？

暴力之後還PO網？這些超越「無厘頭」、「耍寶搞笑」尺度的幼稚侵權行為，代表他們不懂法律還是大膽對抗法律？這些人是「白目」還是「腦殘」？

他們為了體驗群體感，竟選擇集體霸凌行為？

我們以為要狠鬥惡是成人的行為，沒想到現在小學生、中學生的手段一樣毒辣？

最讓我觸目驚心的是這些暴力者竟有許多是女生！女人不像男人那樣暴力傾向的傳統說法也被打破了？

在霸凌惡化、家庭解體洪流中，一年登上媒體版面的，就發生了無數起嚴重的案例，而沒有上報的不知還有多少。這20多年來，因為數千場校園演講、與老師接觸的經驗，讓我知道，學生真的求助無門，因為平均每15個班級，580名的學生只分配

到1個輔導老師，而且輔導室有應付不完的上級評鑑委員、辦不完的活動、照不完的相、填不完的資料而根本難以落實輔導學生。因此，國小老師不管了的學生問題就被丟到國中，國中則將問題丟給高中，高中再將問題丟到大學，暴力也因此升級。

學生間的霸凌行為與一般偏差行為需要我們重視並解決的問題，尤其霸凌行為對於學生身心發展有極大影響，校園霸凌的預防及處理刻不容緩，教育部特別透過會議並呼籲提醒學校老師應主動、積極關懷每一位學生，及早發現問題並提供協助與輔導資源即時介入處理，也籲請家長及社會各界共同關心我們的青年學子，一起為建立安全學習環境，建構友善校園，讓孩子可以快樂學習成長而同心努力。教育部設有24小時免付費投訴專線（0800200885）反映，立即處理後續可能發生的霸凌行為，同時也參考國外做法擬定「校園霸凌法」，將每學期第一週訂為「友善校園週」，

以「反黑、反毒、反霸凌」為宣導主軸，由100年2月開始每個學年度第二學期第一週規劃辦理系列活動，喚起大家的關注，這些動作我們當然非常贊同。

但是，如何營造友善校園與社會？怎樣禁絕霸凌行為？臺灣離婚率冠亞洲，在家庭中憤怒的人選擇離婚或家暴；在成長過程中因課業、親情及友情問題而憤怒的年輕人選擇傷害弱者；無法排解的憤怒使人變成「恐龍」「暴龍」，我寫的第126本書《決定不生氣》就是因為看到了這個現象而寫，但要化解生氣的力量是不容易的，我們一定要找到除了「校園霸凌法」以外更多的方法。

暴力問題像腫瘤惡化，虛擬世界的恨轉移嫁接到真實世界的標的，而，就算是混幫派，也要重義氣講回報，在火拚中也會體驗兄弟情，而如今社會上的霸凌事件，卻是眾暴寡、強欺弱。在此建議，營造友善校園與社會，除了「除弊」之外最好還要

「興利」！要提供正面及積極的動力，而「感謝之心」就是其中一個選項。

　　建議開學的第一周，讓學生們做一個「感謝」的功課：只要打開感謝的天線，再困苦及悲慘的人生，也一定有值得感謝的人事物！只要找到該感謝的人事物，就一定開始柔軟、理性及感性。

　　讓我一起期待一個不再有霸凌而懂得感謝的校園及社會！

幸福工程
謝飯歌

盤中一飯一菜皆辛苦，感謝老天爺賜我們飲食，我們真幸福。

　　有人有飯不能吃，有人要吃沒有飯，我今有飯又能吃，我們真幸運。

　　我們面前的食物是很多人辛勤勞動而來，我們要感謝。

　　不愛吃東西、浪費食物是不環保的，我們要惜福。

　　感謝大自然賜我們陽光空氣與水，天生萬物以養民，我們要感謝環境、保護大自然。

　　祈求老天爺繼續賜我們飲食、健康、喜樂與平安！

　　感謝我們能擁有物質上與心靈上的富足，也要請老天爺把同樣的富足賜給還不能富足的人。

　　3Q！3Q！3Q！3Q very much！

　　★歡迎有人幫〈謝飯歌〉譜曲 ★

繽紛 **152**

感謝力：33條實現夢想的祕密法則

作　　　者／陳艾妮
發　行　人／張寶琴
總　編　輯／王聰威
叢書主編／羅珊珊
企畫編輯／張晶惠
資深美編／戴榮芝
校　　　對／陳艾妮　張晶惠
法律顧問／理律法律事務所
　　　　　　陳長文律師、蔣大中律師
出　版　者／聯合文學出版社股份有限公司
地　　　址／臺北市基隆路一段178號10樓
電　　　話／（02）27666759轉5107
傳　　　真／（02）27567914
郵撥帳號／17623526 聯合文學出版社股份有限公司
登　記　證／行政院新聞局局版臺業字第6109號
網　　　址／http://unitas.udngroup.com.tw
　　　　　　E-mail:unitas@udngroup.com
印　刷　廠／鴻霖印刷傳媒股份有限公司
總　經　銷／聯合發行股份有限公司
地　　　址／231新北市新店區寶橋路235巷6弄6號2樓
電　　　話／（02）29178022
版權所有・翻版必究
出版日期／2011年2月　初版
定　　　價／320元

ISBN　978-957-522-921-4（平裝）
《本書如有缺頁、破損、裝幀錯誤、請寄回調換》

國家圖書館出版品預行編目資料

感謝力：33條實現夢想的祕密法則 / 陳艾妮著.
-- 初版.-- 臺北市：聯合文學, 2011.02
288面；14.8×21公分. -- (繽紛；152)
ISBN 978-957-522-921-4(平裝)

1.自我實現

177.2   100002085